Clemens Bittlinger

HabSeligkeiten

Clemens Bittlinger

HabSeligkeiten

Eine Anleitung zum Glücklichsein

Kreuz

Inhalt

Vorwort

Das Wort »Habseligkeiten« wurde im Herbst 2004 von einer Gruppe von Sprachexperten zum schönsten deutschen Wort gekürt. Als ich das hörte, war mir sofort klar: Da kann man etwas draus machen. In keinem anderen Wort steckt so sehr die Spannung zwischen Haben und Sein wie in diesem Begriff. Und natürlich kann man mit »Habseligkeiten« sprachlich trefflich spielen. Schon allein, wenn man es so schreibt wie im Titel dieses Buches »HabSeligkeiten«, wird sofort deutlich: Es geht einerseits um dieses schöne Wort, aber andererseits geht es um die Frage: Was macht uns selig, und wer kann von sich schon sagen: »Ich hab Seligkeiten, ich erlebe Seligkeiten, glückvolle Momente!«? Und genau darum geht es in diesem Buch. Ich möchte mit Ihnen gemeinsam auf eine Entdeckungsreise gehen und Sie sensibel machen für die kleinen Glücksmomente unseres Alltags. Es gibt sie, aber oftmals machen wir uns gar nicht bewusst, dass sie da sind. Anhand von 30 Beispielen erzähle ich Ihnen von den Seligkeiten, wie ich sie beispielsweise beim Schwimmen, in der Sauna, bei einem guten Essen erlebe. Zusätzlich nehmen uns die acht Seligpreisungen aus dem Matthäus-Evangelium an die Hand und zeigen uns, wo wir als Menschen, die sich von Jesus von Nazareth leiten lassen, Seligkeit erleben können: »Selig sind …« So lebt auch dieses Buch von der Spannung des zunächst alltäglich Banalen in der Begegnung mit dem zutiefst Geistlichen.

»HabSeligkeiten – Eine Anleitung zum Glücklichsein« ist eine Einladung an Sie, liebe Leserin und lieber Leser, die Seligkeiten, das zutiefst glücklich Machende in Ihrem Leben (neu) zu entdecken und sich von dieser Spur begeistern zu lassen. Nun also als Einladung: »Hab Seligkeiten!«

Mit fröhlichen Grüßen

Ihr
Clemens Bittlinger

Hab Seligkeiten

Hab Seligkeiten in meinem Leben,
das mache ich mir tagtäglich klar,
geglückte Zeiten, die wir erleben,
machen das Leben wunderbar.

Würd'st du auf eine Insel ziehn,
was würde dich begleiten?
Drei Dinge dürften mit dir gehn,
nur drei Habseligkeiten.
Oft sind es Kleinigkeiten nur,
die uns Erinnerung schenken,
ein Brief, eine geerbte Uhr,
sie helfen uns bedenken:

Hab Seligkeiten in meinem Leben,
das mache ich mir tagtäglich klar,
geglückte Zeiten, die wir erleben,
machen das Leben wunderbar.

Hab Seligkeiten zu allen Zeiten,
und selig ist, wer sich verschenkt
und nicht umklammert Habseligkeiten,
und selig ist, wer mit dem Herzen denkt.

Als Opa Kurt verstorben war,
da strömten die Verwandten,
zum ersten Mal seit vielen Jahr'n –
die Onkels und die Tanten.
Zum Erben eilten sie herbei,
begannen gleich zu streiten,
für wen das bisschen Kohle sei
und die Habseligkeiten.

So mancher spart sein ganzes Geld,
um etwas abzuzahlen,
was ihm scheinbar ganz dringend fehlt.
Man leidet Höllenqualen,
wenn er, wenn sie nichts kaufen kann,
das gab's zu allen Zeiten.
Sein Wohl misst fast schon jedermann
an den Habseligkeiten.

Das letzte Hemd ist taschenlos,
und den Jordan überschreiten
wir ohne Mittel, nackt und bloß,
und ohne die Habseligkeiten.

Hab Seligkeiten zu allen Zeiten,
und selig ist, wer sich verschenkt
und nicht umklammert Habseligkeiten,
und selig ist, wer mit dem Herzen denkt.

Die Seligpreisungen der Bergpredigt

Während ich an diesem Buch schreibe, im Herbst 2008, steht die Welt vor dem Abgrund einer Weltwirtschaftskrise. Gigantische Spekulations- und Misswirtschaftsblasen sind auf einmal geplatzt. Die unvorstellbare Zahl von drei Billionen Euro kursiert als Richtwert für den Zuschussbedarf für die maroden Finanzmärkte weltweit. Schon vor vielen Jahren habe ich mich bei unseren Reisen in die USA gewundert, wie unbekümmert die US-Bürger mit Krediten und Kreditkarten umgingen. Es war scheinbar immer genug Geld da, und wenn die eine Kreditgenossenschaft dir kein Geld mehr gab, wechselte man einfach die Company und schon ging es weiter – bis hin zur privaten Insolvenz. Das gleiche »Spielchen« scheint sich auf dem Immobilienmarkt abgespielt zu haben, nur dass es da um viel höhere Summen ging, die mit einem Mal nicht mehr abgedeckt waren. Jeder und jede wollte mitspielen beim »amerikanischen Traum« und seinen ganz eigenen Seligpreisungen.

Selig ist der Mensch, der ein eigenes Haus oder zumindest eine Eigentumswohnung besitzt, denn er hat für sein Alter vorgesorgt.

Selig ist der Mensch, der mindestens eine Doppelgarage besitzt, denn dann muss er nur den Dritt- und Viertwagen auf der Straße parken.

Selig ist der Mensch, der eine Arbeit und einen Zweitjob hat, mit denen er möglichst viel verdient, weil er sich dann teure Hobbys, Reisen und vielleicht sogar eine Familie leisten kann.

Selig ist der Mensch, der auf andere nicht angewiesen ist, keinen Kontakt zu seinen Nachbarn halten muss, weil er alle Dienstleistungen bezahlen kann.

Selig ist der Mensch, der gesund ist, weil er sich fit hält und es sich leisten kann,
zweimal in der Woche zum Golfspielen,
zumindest aber zum Tennistraining zu gehen,
weil Gesundheit über alles geht.

Selig ist der Mensch, der an der Börse spekuliert und bei Verlustgeschäften anderer noch kräftig absahnt, denn er gehört zur Elite.

Selig ist der Mensch, der in einem Industrieland lebt und sich seinen Standard selbst erarbeitet hat, denn er muss niemandem dankbar sein.

Selig seid ihr, wenn ihr komplett über eure Verhältnisse lebt und permanent Schulden macht, denn entweder könnt ihr das Ganze steuerlich absetzen oder der Staat springt zu Not für euch ein.

Dieser bittere Nachgeschmack, dass »Otto Normalverbraucher« nun mit seinen Steuergeldern für die Verantwortungslosigkeit einiger skrupelloser Zocker, die sich auch noch für eine Elite halten, mit seinen Steuergeldern herhalten muss, dieser bittere Nachgeschmack macht vor allem eines deutlich: Wir alle müssen umdenken. Es ist kein Zufall, dass viele Börsenmakler an der Wall Street plötzlich Therapeuten, Kirchen und Seelsorger aufsuchten, als sie feststellen mussten, dass die »Seligpreisungen der freien Marktwirtschaft« ins Wanken gerieten. Wir brauchen ein neues Wertesystem oder besser gesagt: Wir müssen umkehren zu jenem alten Wertesystem, das die menschliche Existenz von Grund auf erneuert und trotzdem unsere Seligkeit, unsere nachhaltige Zufriedenheit und unser inflationsfreies Glück im Blick hat. Die acht Seligpreisungen Jesu wollen uns dazu anregen.

Selig sind, die hier geistlich arm sind, denn das Himmelreich ist ihnen

gegen

Selig sind, die hier alles im Griff haben, denn sie gehören zur geistig-kulturellen-finanziellen Elite.

»Im tiefsten Sinne glücklich« sind die Menschen, die erkennen und wissen, dass ihre Erkenntnis nicht der Weisheit letzter Schluss sind. Menschen, die wissen, dass es mehr zwischen Himmel und Erde gibt, als sie erfassen können. Es war Sokrates, der sagte: »Ich weiß, dass ich nicht weiß.« Wohl dem, der sich selbst nicht allzu hoch einschätzt, sondern weiß, dass es Dimensionen der Weisheit und der Wahrheit gibt, die ihn beschenken und beschämen können. Wohl dem Mediziner, der weiß, dass seine Weisheit nicht das Ende der Weisheit Gottes ist, sondern der bekennt: Ich bin ein Diener des Heilenden. Geistlich arm sein heißt demütig sein – erdverbunden und dankbar für das Leben, die Gaben und die Weisheit, die einem geschenkt wurden. Nur aus dieser Erkenntnis: »Alles ist Gabe und alles ist Geschenk Gottes in meinem Leben« erschließen sich alle anderen Seligpreisungen. Die Seligpreisungen beschreiben den Zustand, in dem sich ein Mensch befindet, der Jesus nachfolgt – er befindet sich im Zustand des bereits anbrechenden Reiches Gottes.

Vor vielen Jahren hatte ich das Glück, den leider bereits verstorbenen Kabarettisten Hanns Dieter Hüsch persönlich kennenzulernen. Dieser wunderbare Sprachakrobat hatte irgendwann begonnen, seinen christlichen Glauben immer stärker in seine Texte und Moderationen mit einfließen zu lassen. Nie wieder habe ich einen Menschen getroffen, der so unmittelbar die Seligpreisungen zu seinem Lebensthema gemacht hat und diese auch immer wieder in sein künstlerisches Werk einfließen ließ. Als ich ihn einmal fragte: »Sag mal, Dieter, warum ist dir der christliche Glaube eigentlich so wichtig?«, antwortete er mir: »Ich habe irgendwann erkannt: Du sitzt nicht in der ersten Reihe. Da ist noch jemand vor dir. Du bist zwar wichtig, aber nimm dich nicht zu wichtig!« Eine Antwort von einem Künstler, dem die Leute regelrecht an den Lippen hingen, der aber, bei allem Erfolg und trotz 200 ausverkaufter Veranstaltungen im Jahr, vor allem eines geblieben war: demütig und dankbar für das, was er geben und empfangen durfte.

Die erste Seligpreisung lässt uns erkennen, dass uns vieles geschenkt wird, und verwandelt unser Denken in ein Danken. *Die Dankbarkeit ist der große Schlüssel zum Glück.*

»Das Himmelreich gleicht einem Kaufmann, der gute Perlen suchte, und als er eine kostbare Perle fand, ging er hin und verkaufte alles, was er hatte, und kaufte sie.« (Mt 13,45) In den Seligpreisungen geht es um einen himmlischen Zustand. Wir sagen ja auch von jemandem, der verstorben ist, mitunter: »Gott hab ihn selig.« Dieser himmlische Zustand hat etwas freudig Überraschendes. Darin steckt etwas, womit wir nicht gerechnet haben und es kommt immer eine Dankbarkeit desjenigen, der ihn erfährt, zum Ausdruck. So wie bei dem Gleichnis von dem Kaufmann, der gute Perlen suchte. Jemand, der mit Perlen handelt, oder einer, der Briefmarken sammelt, ist letztendlich immer auf der Suche nach *der* Perle oder nach *der* Briefmarke. Aber er rechnet nicht wirklich damit, den großen Fund eines Tages tatsächlich einmal zu machen – es ist ähnlich wie mit der Stecknadel im Heuhaufen: Man weiß, sie existiert, aber die Chance, sie zu finden, geht gegen Null. Perlen gibt es viele, Milliarden von Perlen weltweit, aber die meisten sind nichts wert. Die meisten Perlen sind bunte, billige Glas- oder Plastikperlen, die keinen Wert an sich haben, die aber dann in der jeweiligen Verarbeitung sehr wohl an Wert gewinnen können. Als die ersten *Pilgrimfathers* und Siedler die schier unendlichen Weiten des nordamerikani-

schen Kontinents erkundeten, stießen sie sehr bald auf die einheimischen Indianer, die zu ihrer Verblüffung völlig fasziniert waren von den kleinen bunten Glasperlen, die die Eindringlinge mit im Gepäck führten. Sehr schnell entwickelte sich ein reger Handel zwischen den Ureinwohnern und den Siedlern, wobei das, was die Indianer an Fellen und Fleisch eintauschten, oftmals ein Vielfaches über dem Wert der Perlen, Messer und Werkzeuge lag, die sie dafür erhielten. Auch heute noch staunen wir über die herausragende Kunstfertigkeit, mit der die Indianer aus vielen, zunächst wertlosen Perlen wundervolle und wertvolle Perlengürtel, Stirnbänder und Kleidungsapplikationen fertigen.

Findet nun einer, der sich mit Perlen auskennt, tatsächlich eine Perle, die für sich schon einen großen Wert hat, dann kann man sich seine Überraschung und Freude gut vorstellen. Er wird alles daransetzen, diese eine Perle, nach der er so lange vergeblich Ausschau hielt, zu erwerben – vielleicht ist das die einmalige und allerletzte Chance. Die Freude und die Dankbarkeit über diesen Fund wiegen alles andere auf. Man könnte auch sagen: Hier wird jemand arm, um den einen großen Schatz zu besitzen.

Als sich der schwedische Bischof Martin Lönnebo einmal auf einer griechischen Insel aufhielt, fielen ihm die Fischer im Hafen und in den Lokalen auf, die den ganzen Tag mit ihren Perlenbändern, den *Comboloi* (Freundschaftsbänder), spielten. Da überlegte er sich: Was sind eigentlich die Schätze, die Perlen meines Glaubens? Und dann begann er ein eigenes Perlenband zu entwickeln. Daraus sind schließlich die mittlerweile auch bei uns sehr weit verbreiteten »Perlen des Glaubens« entstanden. Das Schöne an diesem Perlenband ist, dass nicht nur zunächst positive Glaubens- und Lebensinhalte, wie Stille, Taufe, Freundschaft und Auferstehung, eine Wertschätzung erfahren, sondern beispielsweise auch »die Wüste« oder »die Geheimnisse« oder »die Dunkelheit« eine eigene Perle haben und somit auch als Schatz in den Fokus meiner Dankbarkeit rücken. Der Umgang mit den »Perlen des Glaubens« kann uns helfen, dem Geheimnis der ersten Seligpreisung näherzukommen.

Selig sind, die hier Leid tragen, denn sie sollen getröstet werden

gegen

Selig sind, die das Leid nicht an sich ranlassen, denn sie brauchen keinen, der sie tröstet.

Es gibt ein Glück, das auf uns wartet und auf das ich mich freuen und nach dem ich mich ausstrecken kann, auch wenn es mir momentan nicht gut geht. Damit ist nicht eine einfache Vertröstung auf den Himmel oder das Jenseits gemeint, sondern eine Hoffnung und eine Form von Glück, die bereits in unsere Krisen hineinwächst oder -kriecht, in die Momente, in denen es uns nicht gut geht und wir leiden.

Das biblische Wissen und die dort beschriebene Erfahrung von Glück ist nicht gebunden an unsere Stimmungen oder augenblickliche Befindlichkeit.

»Selig sind, die hier Leid tragen!« möchte uns aber auch auffordern, dass wir uns dem Leid stellen, das Leid anderer und unser eigenes Leid nicht verdrängen. Längst hat sich der Begriff »Trauerarbeit« in der Seelsorge etabliert. Darin wird zum Ausdruck gebracht, dass es Arbeit ist, sich der eigenen Trauer zu stellen. Es ist unangenehm zu trauern, es ist schwer, sich dem eigenen Schmerz, der eigenen Wut, der Erkenntnis, dass Chancen vertan wurden, zu stellen. Und doch ist es so dringend notwendig, dass wir das tun. Wir leben in einer Spaß-Gesellschaft – alle wollen Spaß haben und sich die Zeit vertreiben –, gerade so, als wäre die Zeit etwas Lästiges. Spaß ist jedoch nicht dasselbe wie Glück, und wer Spaß mit Glück verwechselt, befindet sich auf dem Holzweg. Zum Spaß passt es nicht, dass ich auch einmal traurig bin und meinen tiefen Gefühlen der Trauer Raum gebe. Wer Spaß haben will um jeden Preis, muss verdrängen und jede dunkle Wolke beiseiteschieben. Doch je mehr wir beiseiteschieben, desto größer wird das Unwetter, das sich zusammenbraut.

Seligkeit, Glück im tieferen Sinne, erfahren wir nur, wenn wir Trauer und Schmerz integrieren. Nur wenn wir bereit sind, Leid zu tragen und zu ertragen, stellt sich jene Lebenskompetenz ein, von der Walter Jens gesprochen hat: »Wer leidet, ist kompetent!« Die Bibel kann uns dabei helfen, wenn es darum geht, das Leid zu tragen und für unseren Schmerz eine Sprache zu finden. Eine Frau, die den plötzlichen Tod ihres Vaters nicht verarbeitet hatte, wurde immer wieder von Phasen tiefer Traurigkeit überwältigt, weil sie keine Gelegenheit gehabt hatte, sich von ihrem Vater zu verabschieden. Diese Traurigkeit versuchte sie mit Alkohol zu überwinden, denn sie war an sich ein fröhlicher Mensch, aber die Trauer ließ sich nicht beiseiteschieben – im Gegenteil: Manchmal, mitten im Suff, kam sie mit solch großer Wucht an die Oberfläche, dass die Frau immer wieder kurz davor stand, ihrem Leben ein Ende zu bereiten. Erst eine Therapie, erst die Begegnung mit den alten Texten der Psalmen, mit Hiob, Jesaja und dem gekreuzigten und auferstandenen Jesus führten sie in die »Trauerarbeit« und in die Möglichkeit, sich bewusst von ihrem Vater zu verabschieden. Nur wer Leid trägt, kann auch getröstet werden. Oder anders gesagt: Nur wenn ich erkenne, dass ich Leid tragen und ertragen muss und kann, nur dann kann ich auch erkennen und erfahren, wie gut und notwendig es ist, getröstet zu werden. Ich werde getröstet und darf getrost in die Zukunft sehen.

In den Evangelien wird uns berichtet, in welcher Situation sich die Jünger unmittelbar nach der Kreuzigung Jesu befanden. Drei Tage waren seitdem vergangen. Erschüttert, traurig und völlig ratlos, wie es weitergehen sollte, liefen sie den Weg von Jerusalem nach Emmaus (Lk 24,35 ff.). Manchmal tut es gut, einfach zu laufen. Die Gedanken kommen und gehen zu lassen.

Reden, Weinen oder einfach nur Schweigen. Wie gut, wenn man das gemeinsam tun kann – wie diese beiden.

Und während sie das taten *»nahte sich ihnen Jesus und ging mit ihnen mit«*.

Genau das geschieht, wenn wir als Schwestern und Brüder offen miteinander umgehen, wenn wir uns sagen, was uns bewegt, was uns Angst und ratlos macht, und wenn wir miteinander ins Gespräch kommen, einander ausreden lassen und zuhören.

Der Weg, den die beiden Männer gehen, ist durchaus auch symbolisch zu verstehen – es braucht eine gewisse Strecke, die wir einander begleiten müssen, um zu verstehen.

Und es gibt ja so vieles, über das wir zu reden haben, was uns ratlos macht und wo wir lernen müssen, einander ausreden zu lassen und zuzuhören.

Und wo wir es wagen, beieinander zu bleiben, gerade auch in unserer Ratlosigkeit und Trauer, wird Jesus selbst diesen Weg begleiten und uns nah sein. Darauf können wir vertrauen.

Oft merken wir es gar nicht, dass Jesus da ist, so wie bei diesen beiden Männern. Sie merkten nicht, dass der Fremde, der sie begleitete, Jesus war: *»... ihre Augen wurden gehalten, dass sie ihn nicht erkannten.«*

Der Schlüssel zu ihrem Leben, zu ihrer Zukunft und zu ihren Fragen ist direkt vor ihnen, und sie sehen ihn nicht. Man ist »mit Blindheit« geschlagen, sagen wir manchmal.

Und Jesus fragt sie: *»Worüber diskutiert ihr so eifrig? Was beschäftigt euch denn so, dass ihr kaum noch auf den Weg achtet?«* Da bleiben sie traurig stehen und fragen ganz erstaunt zurück: »*Bist du denn der Einzige, der nicht weiß, was hier los war, was in den letzten Tagen passiert ist?«*, und Jesus fragt: *»Was denn?«*

Ein bisschen »gemein« ist die Situation ja schon, denn der Leser des Neuen Testaments weiß ja, dass der angeblich Fremde in Wirklichkeit Jesus ist – aber genau von dieser Dramaturgie lebt auch diese Erzählung.

Obwohl Jesus natürlich weiß, was passiert ist, lässt er sich noch einmal von den beiden ihre Version der Geschichte erzählen: Jetzt erklärt mir doch einmal ganz genau, warum ihr so traurig und bedrückt seid und was euch konkret so ratlos macht. *»Was ist es denn, was euch so aus der Bahn wirft?«*

Jesus erweist sich als ein sensibler Zuhörer, indem er die beiden vielleicht zum zehnten Mal erzählen lässt, was sie so traurig macht.

Wenn mich jemand bittet, zu erzählen was mich nun ganz konkret traurig oder ratlos macht, dann bin ich gezwungen zu sortieren, was jetzt tatsächlich zu diesem Thema gehört und was sich aus anderen Problemen angestaut hat. Und während ich gezwungen bin, meine Gedanken zu sortieren, werde ich klarer, und es beginnt bereits ein Heilungsprozess tief in mir.

Die beiden Emmausjünger erzählen von ihren Hoffnungen und Träumen:

»Wir aber hofften, er sei es, der Israel erlösen würde«, und *»einige der Frauen haben uns erschreckt, indem sie behauptet haben, er sei auferstanden«*.

Erschütterung, zerbrochene Träume und unsere Ängste – alles hat Platz, wenn wir mit Jesus reden. Er hört zu und lässt uns selbst Worte suchen und finden für unsere Trauer und Verzweiflung.

Und darin beginnt bereits ein Heilungsprozess. Jeder, der schon mal einen Menschen verloren hat, weiß, wie lange es dauert, bis die Seele die schwarzen Kleider wieder ablegen kann. Da nützt es nichts, die Trauer zu überspielen. Der Kloß im Hals lässt sich auch nicht einfach wegschlucken, auch nicht mit Alkohol.

Wie gut ist es da, wenn jemand Zeit hat, zuhört und mitgeht!

Wie gut ist es zu wissen: Wir sind dabei nicht allein, sondern Jesus ist da und auch er hört zu, hilft uns die eigene Sprachlosigkeit Stück für Stück zu überwinden und von unserer Trauer – nicht von irgendeiner, sondern von unserer ganz persönlichen Erschütterung – zu erzählen.

Vieles zwischen uns liegt doch deshalb im Argen, weil wir es verlernt haben, miteinander zu reden. Doch Jesus fragt uns auch heute: Was beschäftigt euch denn so?

Nachdem alles gesagt ist, redet Jesus: *»Warum seid ihr zu träge, dem Wort Gottes, der Bibel zu trauen?« – »Warum traut ihr den Schriften der Propheten nicht zu, dass sie auch auf eure Fragen eine Antwort haben?«*

Und dann überbringt er ihnen die gute Nachricht, erklärt ihnen, warum er, Jesus, eigentlich diesen Weg gehen musste. Dass Gott selbst sich auf den Weg gemacht hat, um ihnen und uns heute, zunächst als ein kleines hilfloses Baby, von Mensch zu Mensch zu begegnen. Dass er entgegen der waffenstarrenden Wirklichkeit dieser Welt den scheinbar ohnmächtigen Weg der Liebe gewählt hat, einer Liebe, die ihn, selbst angesichts der Todfeinde, am Kreuz noch beten lassen konnte: »Vater vergib ihnen, denn sie wissen nicht was sie tun.«

Um in dieser Welt einen neuen Weg zu zeigen, musste Jesus seinen Weg ans Kreuz gehen und als der auferstandene Christus dokumentieren: Der Hass, die Gewalt und der Tod haben nicht das letzte Wort.

Was für ein Moment, was für eine Wohltat auch für diese beiden Männer! Da war plötzlich einer, der nicht in seiner Trauer verstummte, sondern Worte fand, eine neue Perspektive und einen neuen Weg eröffnete.

Auch wenn sie im Einzelnen gar nicht verstanden, was gemeint war und wie das alles zusammenhing, spürten sie doch, dass dieser Fremde ihnen ungemein wohl tat, und deshalb luden sie ihn ein: *»Herr, bleibe bei uns, denn es will Abend werden und der Tag geht zu Ende.«*

Vielleicht habe ich ihn ja gar nicht verloren, den Schlüssel zum Leben.

Vielleicht habe ich nur verlernt, ihn zu erkennen.

Ich bin die ganze Zeit unterwegs, und er geht schon lange neben mir.

Was ist, wenn ich ihm doch täglich begegne in vielen Dingen und Worten, Begegnungen mit anderen und ihn nur nicht sehe? Auf dem Weg nach Emmaus sein, das ist ein gutes Bild. Mit dieser Sehnsucht und Bitte im Herzen: »Herr, bleibe bei uns, Herr bleibe bei mir!« Das könnte so eine Art Dauergebet, Herzensgebet werden: »Herr, bleibe bei mir!« – auch wenn ich dich gerade nicht sehe oder spüre: Ich weiß, dass du da bist und dass du mir hilfst, meine Trauer zu tragen.

Der folgende Liedtext ist entstanden, nachdem meine geliebte Mutter einen schweren Schlaganfall erleiden musste. Als noch eine Lungenentzündung hinzukam, wurde sie in ein künstliches Koma versetzt. Gerade aus dem Urlaub gekommen, eilten wir an ihr Krankenlager. Wie geht man mit einer Situation um, in der ein geliebter Mensch nur noch daliegt und scheinbar nichts mehr mitbekommt? Ich staune immer wieder, welches Gespür Kinder mitunter in solchen Momenten entwickeln. Wie selbstverständlich setzte sich unser damals 10-jähriger Robin an das Bett seiner Oma und erzählte ihr vom Urlaub – etwa eine Stunde lang …

Abgrundtief

Wie du nun bei mir stehst,
mir voller Mitgefühl
nicht von der Seite gehst,
bedeutet mir so viel.
Ich liege hier gefangen,
mein Geist ist trüb umhüllt,
im Schlag hat sich mein Bangen
so gnadenlos erfüllt.

Abgrundtiefe Traurigkeit
macht sich in meiner Seele breit.
Gehen, sterben darf ich nicht,

in mir brennt noch etwas Licht,
doch zum Leben, nein, zum Leben
reicht es letzten Endes nicht.

Wie du die Worte wählst,
als wäre nichts geschehn,
mir alles so erzählst,
als würde ich verstehn.
Wie Hände halten meine
zu spüren tut so gut:
bin nicht mehr so alleine,
mit meiner kalten Wut.

Abgrundtiefe Traurigkeit
macht sich in meiner Seele breit.
Gehen, sterben darf ich nicht,
in mir brennt noch etwas Licht,
doch zum Leben, nein, zum Leben
reicht es letzten Endes nicht.

Wenn du Gebete sprichst,
dann doch mit leisem Flehn
zu dem Herrn des Lichts,
mein Lager anzusehn:
Ich bin im finstren Tale,
Mein Hirte, wo bist du?
erleide Höllenqualen,
schenk meiner Seele Ruh.

Selig sind die Sanftmütigen, denn sie werden das Erdreich besitzen

gegen

Selig sind die Skrupellosen,
denn sie werden mehr als andere besitzen.

Clemens, ich trage es im Namen, heißt der Sanftmütige, der Milde. Die Erfahrung, dass Sanftmut in den meisten Fällen glücklicher macht, als Jähzorn, kann man vor allem im Zusammenleben mit Kindern hautnah erleben. Es gibt Familien, in denen sich Eltern und Kinder oftmals nur noch anschreien und beschimpfen. Wenn man jedoch in Beziehungen mit Kindern »Land gewinnen« und »Land sehen« möchte, und so verstehe ich auch »das Erdreich besitzen«, dann tut es gut, als Elternteil einen Schritt zurückzutreten und erst einmal durchzuatmen, die Gelassenheit einströmen zu lassen, sich zu erinnern, wie man selbst in diesem Alter war und was man sich von seinen Eltern gewünscht hätte. Sanftmütigkeit kann man lernen. Auch in einer Ehe ist die Einübung in Sanftmut überlebenswichtig, sonst droht vielerorts nur »verdorrte Erde«. Das deutsche Wort »Sanftmut« besteht aus zwei Teilen, ähnlich wie »Habseligkeiten«: Da ist zunächst das Wort »sanft«, das klingt nach »soft« oder »harmoniebedürftig« – in jedem Fall klingt es weich. Jemandem, der sanft daherkommt, trauen wir nicht wirklich zu, dass er oder sie sich durchsetzt, Klartext redet und eine Krise meistert. Jemand, der immer nur sanft ist, kann uns ganz schön auf die Nerven gehen, weil man sich irgendwann fragt, wo dieser Mensch seine Wut versteckt hat. »Sanft« ist aber auch ein Ausdruck für eine sinnliche Erfahrung. Wenn wir daran denken, dass uns jemand sanft streichelt, dann stellt sich sofort ein »Gänsehaut-Feeling« ein. Wir mögen es, sanft berührt zu werden, vor allem in einer Welt, in der es rau zugeht und wir einander oft hart anpacken. Ich denke an Entspannung, an einen Windhauch oder eine Wellnessmassage. Das Sanfte umspült, umschmeichelt einen Widerstand, bei der Massage beispielsweise wird ein verhärteter Muskel gelöst. Und hier wird deutlich, dass es Situationen geben kann, in denen Mut dazugehört, sanft zu sein: sanft-mütig eben.

Im Alten Testament lesen wir die Erzählung von König Saul, der regelmäßig Tobsuchtsanfälle bekam, und das Einzige, was ihn wieder zur Ruhe bringen konnte, war das sanfte und wohlklingende Harfenspiel des Hirtenjungen David. Anscheinend war schon damals den Gelehrten die therapeutische Wirkung von Musik bekannt, denn Berater hatten ziemlich schnell die Idee: Wir brauchen etwas Sanftes, etwas, was den tobenden

König besänftigt. Wir brauchen einfach gute, beruhigende Musik (so wie man heute in den meisten Wellnessoasen beruhigende Musik im Hintergrund vor sich hinplätschern hört). So suchten sie einen Mann, der gut auf der Harfe spielen konnte, *»... damit er mit seiner Hand darauf spiele, wenn der böse Geist Gottes über dich kommt, und es besser mit dir werde.«* (1. Sam 16, 16) Sie fanden den Hirtenjungen David. Die Wirkung seines feinen Saitenspiels war so intensiv, dass er bald zum engsten Vertrauten des Königs wurde, zu seinem Waffenträger. *»Sooft nun der böse Geist von Gott über Saul kam, nahm David die Harfe und spielte darauf mit seiner Hand. So wurde es Saul leichter, und es ward besser mit ihm, und der böse Geist wich von ihm.«* (1. Sam 16,23) Es gehörte sicher Mut dazu, dem wütenden und schäumenden Saul, nur mit einem Instrument und den leisen Tönen der Harfe zu begegnen. Denn irgendwann half auch das nicht mehr und die Aggressionen des Saul richteten sich auch gegen den Harfe spielenden David (1. Sam 18,11).

Sicher gehört Mut dazu, jemandem liebevoll und einfühlsam zu begegnen, der einem aggressiv und bösartig gegenübertritt. Aber das ist der Weg des Evangeliums. Jesus sagt etwas später in der Bergpredigt: *»Liebt eure Feinde, segnet die, die euch verfluchen, tut Gutes denen, die euch* *hassen.«* Das ist der Weg der Sanftmut. Das ist der Weg, der die Spirale von Gewalt und Gegengewalt durchbricht und bereit ist, einseitig abzurüsten. Das ist der Weg, der deshalb Land gewinnt, weil er ein neues Terrain betritt. Die Sanftmut gibt Neuem Raum, und sie kreiert dabei mitunter einen Raum der Vergebung und des Respekts.

Ich bin ganz gelassen

Ich bin ganz gelassen,
denn du lässt mich sein,
muss mich nicht verbiegen,
fühl mich nicht mehr klein.
Ich darf mich entfalten
wie ein Schmetterling,
land ich zart in deiner Hand
und ich sing und sing.

Ich bin ganz gelassen,
lerne Tag für Tag:
der wird nichts verpassen,
der das Leben mag.
Ich weiß mich geborgen
fest in deiner Hand,
du wirst für mich sorgen
auch am Lebensrand.

Ich bin ganz gelassen
und ich lass es sein,
ständig mich zu hetzen,
unter Strom zu sein.
Vor dir sind die Stunden,
ein Stück Ewigkeit,
Jahre wie Sekunden
und paradox die Zeit.

Ich bin ganz gelassen,
ganz – ich fühl mich heil.
Es ist kaum zu fassen,
bin nicht mehr geteilt,
bin nicht mehr zerrissen
zwischen hier und dort,
ich darf glauben, wissen,
bei dir ist mein Ort.

Ich bin ganz gelassen,
denn du lässt mich sein,
muss mich nicht verbiegen,
fühle mich nicht klein.
Ich darf mich entfalten
wie ein Schmetterling,
land ich zart in deiner Hand
und ich sing und sing.

Selig sind, die da hungern nach Gerechtigkeit, denn sie sollen satt werden

gegen

Selig sind die, denen der Rest der Welt egal ist und die sich permanent fragen: Wohin gehn wir denn heute Abend lecker essen?

Der Glaube und die Hoffnung, dass die 70 bis 80 Jahre, die wir hier auf der Erde verbringen, »nicht alles« sind, sondern dass es ein Leben vor und nach dem Tod gibt, sind gekoppelt an die Sehnsucht nach Gerechtigkeit, die alle Menschen umschließt. Ich habe Hunger nach Gerechtigkeit, und ich finde es schrecklich, wenn es ungerecht zugeht. Gleichzeitig bin ich mir der Tatsache bewusst, dass ich hier in Deutschland in einem Teil der Welt lebe, der für das Gros der Weltbevölkerung geradezu paradiesisch erscheinen muss. Damit muss ich lernen umzugehen. Mein Hunger nach Gerechtigkeit führt mir natürlich auch die eigenen »Fleischtöpfe« vor Augen. Er zeigt mir, dass ich längst satt bin und dass gerade die Tatsache, dass ich satt bin und andere Hunger leiden, zutiefst ungerecht ist. Diese Seligpreisung ist für mich der Hinweis, dass ich nicht wirklich »glücklich« sein kann, wenn ich das Thema »Gerechtigkeit« ausklammere. Das gilt wohlgemerkt für den

Menschen, der in dieser Welt »Jesus hinterherstolpert«. So ein Mensch ist sensibilisiert für das Wohlergehen der anderen. Die Ungerechtigkeit wird mich immer wieder einholen; nur wenn ich in mir den Wunsch nach Gerechtigkeit und das Engagement für Gerechtigkeit aufrechterhalte, wird mein Hunger nach Leben und Glück gestillt. Es gilt, einen Lebensstil zu entfalten, bei dem ich das Glück der anderen Menschen mit im Blick habe. Es ist bemerkenswert, dass diese Seligpreisung im Kontext von Gerechtigkeit von »hungern« und »satt werden« spricht. In der Tat ist es die größte Gerechtigkeitsherausforderung der Menschheit, dafür zu sorgen, dass niemand mehr an Hunger sterben muss, sondern alle satt werden.

In der Erzählung von der Speisung der Fünftausend (Mt 14,13 ff.) wird beschrieben, wie Jesus gemeinsam mit seinen Jüngern einen ganzen Tag lang für die vielen Menschen, die zusammengekommen waren, da war und zu ihnen sprach. Gegen Abend nahmen die Jünger Jesu beiseite und sagten: *»Es ist Abend, die Menschen sind müde und hungrig, schicke sie in die umliegenden Dörfer, damit sie sich etwas zu essen kaufen können.«* Sicherlich verbirgt sich hinter dieser pragmatischen Anregung auch der Wunsch der Jünger Jesu, endlich »Feierabend« machen zu dürfen. Sicher waren auch sie »müde und hungrig«, nur angesichts eines »unermüdlichen Meisters« wollten sie das sicherlich nicht so direkt zugeben. Das kenne ich auch von mir selbst: Ich habe ein bestimmtes Bedürfnis, möchte, dass etwas, was auch mir guttun würde, umgesetzt wird. Ich suche aber dann nach Argumenten, die selbstlos klingen und scheinbar ausschließlich das Wohl anderer im Blick haben. Wenn es jedoch um *meinen* Hunger nach Gerechtigkeit geht, kann man die Stillung dieses Hungers nicht delegieren, sondern sind wir selbst gefragt. Deshalb antwortet Jesus auch seinen Jüngern: *»Gebt ihr ihnen zu essen!«* Jesus lässt sich überhaupt nicht auf den Vorschlag ein, sondern entlarvt den Hintergedanken seiner Freunde und lässt einen eventuellen Feierabend in weite Ferne rücken. Die Leute wegschicken, das kann jeder, aber die Lebensqualität der Menschen, die in der Nachfolge stehen, verwirklicht sich gerade darin, dass wir beieinanderbleiben und gemeinsam um Gerechtigkeit ringen. Und so war die Gütergemeinschaft neben der Sorge für die Armen und Kranken geradezu ein herausragendes Merkmal der ersten Gemeinden (Apg 2,42). Doch so schnell lassen die Jünger sich von ihrem pragmatischen Kurs nicht abbringen. So kommt prompt der Einwand, der stets bei Kirchens kommt, wenn jemand eine außergewöhnliche Idee hat: *»Wer soll das bezahlen? Herr, wir haben nicht genügend Geld!«* Doch Jesus lässt sich auch davon nicht irritieren und fragt zurück: *»Was habt ihr einzubringen?«* Und mit dem bisschen was die Jünger einzubringen haben, beginnt das Wunder, das wir als »Die Speisung der Fünftausend« kennen. Der Hunger, der Wunsch nach Gerechtigkeit, ist so ansteckend, dass am Ende alle satt werden und etliches sogar noch übrig bleibt.

Selig sind die Barmherzigen, denn sie werden Barmherzigkeit erlangen

gegen
Selig sind die Egoisten, denn wenn jeder
nur an sich denkt,
ist auch an alle gedacht.

Im tiefsten Sinne glücklich kann ein Mensch nur sein, wenn er weiß, dass wir alle Fehler machen. Die Perfektion, die er oder sie sich von sich selbst oder anderen wünschen würde, legt er nicht als permanenten Maßstab an das Leben, an Begegnungen und Gespräche an. Es gibt Zeitgenossen, die haben zu allem und jedem einen Kommentar und immer irgendetwas anzumerken oder auszusetzen.

Diese Seligpreisung ermutigt uns zunächst einmal, barmherzig mit uns selbst zu sein, aber auch barmherzig mit anderen umzugehen. Es gibt Christen, die können wunderbar barmherzig mit *anderen* umgehen, aber wenn es um ihr eigenes Leben und das eigene Verhalten geht, dann werden sie unbarmherzig und können sich bestimmte Dinge niemals verzeihen. Die Botschaft Jesu lebt von der Barmherzigkeit, und die Seligpreisungen beschreiben den Zustand, in dem sich ein Mensch befindet, der Jesus nachfolgt – er befindet sich im Zustand des bereits anbrechenden Reiches Gottes.

Und wirklich barmherzig sein, kann nur jemand, der die Barmherzigkeit Gottes, wie sie uns im Kreuz von Golgatha begegnet, erkannt und glaubend für sich in Anspruch genommen hat. Wenn wir auf den gekreuzigten Jesus sehen und sein Gebet: »Vater, vergib ihnen, denn sie wissen nicht, was sie tun« auch auf uns und unsere Fehlerhaftigkeit beziehen, dann beginnen wir zu begreifen, dass Gott Erbarmen mit uns Menschen hat. Es ist geradezu Teil unserer Existenz, dass wir fehlerhaft und erbarmungswürdig sind – dieser Gedanken zieht sich durch die gesamte Bibel – und Gott weiß: »Mensch, du kannst nicht aus dir heraus dem Ebenbild Gottes entsprechen. Deshalb hat Gott ein Einsehen und erbarmt sich, er erbarmt sich deshalb, weil er dich lieb hat, so unendlich lieb, dass er selbst den Tod nicht scheut.« Im Johannesevangelium, Kapitel 15, Vers 13 f., lesen wir: »Niemand hat größere Liebe, als die, dass er sein Leben lässt für seine Freunde … ihr habt nicht mich erwählt, sondern ich habe euch erwählt …« Wollte man die Botschaft der Bibel in einem Satz zusammenfassen, so könnte diese Botschaft heißen: »Gott möchte dein Freund sein!«, und das ist wahrhaftig eine gute Nachricht. Obwohl Gott der Schöpfer mich von Grund auf bis in die hintersten Winkel meiner Existenz kennt, möchte er trotzdem unbedingt mit mir zu tun haben: Du, Mensch, bist Gott ans Herz gewachsen, deshalb erbarmt er sich, deshalb ist Barmherzigkeit der Schlüssel zum Glück, der Schlüssel zum Leben. Statt Barmherzigkeit könnte man auch »Vergebung« sagen, wenngleich Barmherzigkeit noch weiter greift. Vergebung setzt voraus, dass der- oder diejenige, dem/der vergeben werden soll, dies auch möchte und darum bittet. Barmherzigkeit aber vergibt, ohne dass der andere unbedingt einsieht, dass er etwas falsch gemacht hat. In der Barmherzigkeit wächst der Glaubende gewissermaßen über sich hinaus und nimmt den anderen mit hinein in die Atmosphäre Gottes. Das bedeutet aber auch, dass man diese Seligpreisung von hinten her lesen kann und muss. Barmherzig sein kann nur der, der die Barmherzigkeit Gottes in seinem Leben erfahren und sich bewusst gemacht hat – nur der oder diejenige kann andere dann mit hineinnehmen in diese unglaubliche Barmherzigkeit Gottes.

Jeder und jede, die in einer Beziehung, einer Ehe, einer Familie lebt, weiß, dass es ohne Vergebung kein Leben und kein Durchatmen geben kann. Viele Ehen gehen deshalb auseinander, weil die Partner es nie wirklich gelernt haben, miteinander zu reden und einander Fehler und Versäumnisse einzugestehen. Wie oft hört man da den Satz: »Ich habe mir nichts vorzuwerfen!« Die Fronten verhärten sich und unser Stolz verhindert, dass wir den ersten Schritt auf den anderen zu gehen. Aus unserer Wut auf den anderen und unserer eigenen Selbstgerechtigkeit wächst ein Hasskokon, der uns einschnürt und schließlich die Luft zum Atmen und die Lust zum Leben nimmt. Wie wertvoll und bereichernd ist dagegen die Erfahrung: Wir reden miteinander, wir ertragen die Vorwürfe und gestehen Fehler ein, wir können selbst formulieren, womit wir unzufrieden sind und wo der andere mich verletzt hat. Irgendwann kommt der Punkt, wo wir einander in den Armen liegen und uns weinend verzeihen – eine Beziehung, in der das möglich ist, in der die

Vergebung und die Barmherzigkeit Raum haben, solch eine Beziehung kann wachsen und wird stärker mit jeder neuen Krise.

»Selig sind die Barmherzigen, denn sie werden Barmherzigkeit erfahren« geht also weit über das »Behandle andere stets so, wie du von ihnen behandelt werden möchtest!« hinaus. Diese Seligpreisung führt uns direkt zu dem erbarmenden Herz Gottes, zu seiner Barmherzigkeit, die uns ermöglicht oder zumindest ermöglichen kann, ganz anders auf uns selbst und andere Menschen zuzugehen.

In einem Videoclip im US-Fernsehen, der Werbung für ein Behindertenwerk machte, habe ich die in diesem Lied beschriebenen Szenen gesehen und war so beeindruckt, dass ich mich sofort hingesetzt und den nun folgenden Text geschrieben habe.

Vincente

Stammelnd, grunzend, sabbernd
und mit entstelltem Gesicht
glotzt er mich an aus der Glotze,
ob ich es will oder nicht.
Spastisch Gelähmte gehören
zu dem, was wir sehn wollen, nicht.

Ich will mich gerade empören,
da höre ich, wie jemand spricht:

»Können Sie sich vorstellen,
dass in dieser Gestalt
einer von ganz selten hellen
Köpfen aktiv ist und malt?«

Plötzlich sehe ich Bilder,
Farben, Konturen, Portraits
und einen gänzlich Erfüllten,
der sich auf Knien bewegt.
Den Pinsel am Kopf festgebunden
so zaubert Vincente mit Farben,
den ich noch vor Sekunden,
sah vor sich hinlallen und darben.

Und dann seh ich ihn strahlen
über das ganze Gesicht,
konzentriert auf sein Malen,
sieht er die Kameras nicht,
sieht nicht die Techniker stehen,
taucht gänzlich in seine Welt,
und ich muss es gestehen
kopfüber ist meine gestellt.

»Können Sie sich vorstellen,
dass in dieser Gestalt,
einer von ganz selten hellen
Köpfen aktiv ist und malt?«

Vincente schaut in die Linse,
er schaut mich dabei an,
und mit verzerrtem Grinsen,
spricht er so gut er kann:
»I am a lucky person! –
Ich bin ein glücklicher Mensch«.
»I am a lucky person!«
Das ist es, was ich dir wünsch!

Und was hast du zu sagen?
Hör ich, wie jemand spricht.
Ich muss gestehen, beklagen:
Ich weiß es manchmal nicht.
So viel Liebe umgibt mich
und ich bin reich beschenkt,
trotzdem denke ich oft nicht
so, wie Vincente es denkt:

»I am a lucky person! –
Ich bin ein glücklicher Mensch«.
»I am a lucky person!«
Das ist es, was ich mir/dir wünsch!

Selig sind, die reinen Herzens sind, denn sie werden Gott schauen

gegen

Selig sind, die heimliche Intrigen schmieden, denn sie wissen: Du kannst keinem trauen.

Die Augen sind die Fenster zum Herzen, und deshalb schaue ich so gerne in Kinderaugen. Das, was es in unserer zugemüllten Welt kaum noch zu geben scheint, kann man hier noch entdecken – klare, offene, staunende und vertrauende Augen: Ausdruck eines reinen Herzens. Kinder sind nicht grundsätzlich »reinen Herzens«. Im Gegenteil: Sie können manchmal auch ganz schön durchtrieben sein, aber Kinder haben noch viel öfter als Erwachsene diese »lichten Momente«, in denen sie wirklich »reinen Herzens« sind. Erst nach und nach erkennen sie, wenn jemand »etwas nicht ernst meint« oder wenn eine Bemerkung »ironisch« gemeint ist. Mitten hinein in eine heftige Diskussion mit Schriftgelehrten holt Jesus ein Kind, stellt es in die Mitte und sagt: *»Wenn ihr nicht werdet wie die Kinder, könnt ihr das Himmelreich nicht sehen.«* (Lk 18,15 ff.) Ich übersetze das für mich immer gerne so: »Wenn ich nicht zu einer Ursprünglichkeit zurückfinde, wie Kinder sie haben, werde ich letztendlich nie verstehen, was es heißt, ein Kind Gottes zu sein.« Bei diesem

»Werden wie die Kinder« spielen diese lichten Momente, in denen Kinder noch reinen Herzens sind, eine wichtige Rolle. Kinder haben, zum Teil durchaus noch bis in die Pubertät, ein ganz großes Urvertrauen in ihre Eltern. »Mama und Papa wissen, was gut für mich ist, die Erfahrung habe ich gemacht, darauf kann ich vertrauen. Ich kann mich mit jeder Frage, jedem Problem und praktisch jedem Anliegen an meine Eltern wenden.« Zu solch einer Ursprünglichkeit möchte uns dieses Jesuswort ermutigen, dass wir reinen Herzens ohne irgendwelche Hintergedanken darauf vertrauen, dass es einen Gott gibt, der es gut mit uns meint. Zu der Ursprünglichkeit, wie Kinder sie haben, gehört aber auch das Spielerische. Es geht darum, dass ich es wieder lerne, zu spielen, und dass nicht immer alles gleich bitterernst und nachhaltig sein muss. Kinder entdecken ihre Welt spielerisch, und es ist nicht schlimm, wenn nicht alles gleich so funktioniert, wie es eigentlich soll – dann wird halt improvisiert. Natürlich sind Kinder ehrgeizig und sie lassen sich nicht so schnell entmutigen. Und wie schön ist es, zu sehen, wie Kinder etwas lernen, besser werden und irgendwann den Papa überholen beispielsweise beim Tischtennisspielen. Selbst wenn ein Match gerade haushoch verloren wurde, heißt es gleich wieder: »Beim nächsten Mal zieh ich dich ab!« Und irgendwann ist es dann tatsächlich soweit, alle alten Tricks des Papas greifen nicht mehr und – wie schön: Das Kind gewinnt.

Als wir mit unseren Kindern im Alter von acht und elf Jahren einmal für ein paar Tage in Rom waren, haben wir jedem Kind eine Kamera in die Hand gedrückt und gesagt: Jetzt fotografiert doch mal das, was euch ins Auge fällt. Zu Hause haben wir uns dann die vielen Bilder angesehen und in Erinnerungen »geschwelgt«. Dabei sind uns zwei Dinge aufgefallen: Zum einen beachten Kinder andere Dinge, Gegenstände und Situationen als wir Erwachsenen, und zum anderen konnte man bei vielen Bildern den blauen Himmel sehen, da die Kinder meistens (aus ihrer Perspektive) von unten nach oben fotografiert haben und dadurch automatisch den Himmel mehr im Fokus hatten. Man könnte sagen: Kinder haben noch viel stärker als wir Erwachsenen den Himmel im Blick. Das möchte ich neu lernen, den Himmel im Blick zu haben. Hier bekommt die Seligpreisung »Selig sind die reinen Herzens sind, denn sie werden Gott schauen« auf einmal eine ganz natürliche, fast alltägliche Bedeutung. An den Kindern sehe ich: Es kommt auf die Perspektive an.

Wir haben es als Eltern genossen, uns von der Perspektive unserer Kinder leiten zu lassen. Inspiriert durch Bücher wie »New York mit Kids« oder »Rom mit Kids« haben wir diese Großstädte mit Sicherheit ganz anders, viel spielerischer erkundet und erlebt, als das ein normaler Tourist erleben würde. Mit Sicherheit haben wir dabei auch ganz viele wesentliche Sehenswürdigkeiten dieser Städte gar nicht zu Gesicht bekommen, aber wir haben, unseren kleinen Pfadfindern folgend, viele kostbare und kleine Momente in diesen großen Städten erfahren. Wenn wir der Meinung waren, das und das müsste man sich aber unbedingt ansehen, so mussten wir lernen, es den Kindern so schmackhaft zu machen, dass sie richtig Lust hatten, sich beispielsweise den Petersdom anzusehen. War erst einmal die Begeisterung geweckt, gab es »kein Halten« mehr. In jedem Fall war das New York, das wir mit unseren Kindern »eroberten«, ein völlig anderes (beglückenderes) als das New York, das wir im Jahr zuvor alleine erkundet hatten.

Hätt mir nie träumen lassen

Hätt mir nie träumen lassen,
wie viel dem Leben fehlt
und wie viel wir verpassen,
wenn ihr nicht zu uns zählt.
Die Zeit, die wir verbringen
und die ihr bei uns seid,

ich kann sie nur besingen
als die allerhöchste Zeit.

Ich weiß es: Ich verpasse,
bepackt für eine Tour,
wenn ich das Haus verlasse,
Momente eurer Spur.
Kaum bin ich losgefahren,
vermisse ich euch schon.
So fahre ich seit Jahren
nicht immer leicht davon.

Ihr holt mich auf den Boden
nach manchem Höhenflug,
mit einfachsten Methoden
macht ihr mich wieder klug,
zeigt mir die Kunst zu leben
fernab vom Bühnenschein.
Was sollt es bessres geben,
als hier bei euch zu sein?

Kinder sind wie Sterne
am dunklen Firmament,
zeigen uns von ferne,
wo wir zu Hause sind.
Sie tragen in der Seele
anscheinend massenhaft
die Kräfte, die uns fehlen,
wenn uns das Leben schafft.

Selig sind die Friedfertigen, denn sie werden Gottes Kinder heißen

gegen
Selig sind die Rechthaber,
denn sie werden Recht haben.

»Und der Friede Gottes, der höher ist als alle Vernunft, bewahre unsere Herzen und Sinne durch Jesus Christus unseren Herrn!« (Phl 4,7) Dieser wunderbare Segen aus dem Brief an die Philipper, spricht denen, die Jesus nachfolgen, seine Wirklichkeit zu. Denn das ist die Wirklichkeit, nach der sich die Kinder Gottes ausstrecken: eine Welt voller Frieden, eine Welt, in der Mensch und Tier, Mensch und Mensch, Mensch und Natur, die Völker und Nationen und die Religionen untereinander versöhnt und friedfertig miteinander umgehen. Das bedeutet auch, dass man Gottes Kinder in dieser Welt an ihrer Friedensbereitschaft erkennt. Das gilt für alle Religionen. Der Theologe Hans Küng hat den sehr richtigen und wichtigen Satz geprägt: »Keinen Weltfrieden ohne Religionsfrieden.« Friedfertig sein heißt ja nicht, dass man sich alles bieten lässt, sondern dass man dem anderen signalisiert: Du hast mich verletzt und ich möchte jetzt mit dir streiten. Um des lieben Friedens willen den Mund zu halten ist falsch. Wir müssen lernen, zu verstehen, wie der oder die andere denkt, und dazu ist es notwendig, eine Streitkultur auch zwischen den Konfessionen und zwischen den Religionen zu entwickeln. Friedfertigkeit kann und muss man lernen, und dazu muss man erst einmal streiten lernen. Es fällt mir immer wieder schwer, unsere Kinder einfach streiten zu lassen, aber das ist, wenn wirklich Argumente ausgetauscht werden, unbedingt notwendig. Wenn Probleme ständig vertuscht und heruntergeschluckt werden, schwelen sie im Untergrund weiter. »Was man nicht ansieht, das wächst«, heißt es in der Psychotherapie, und »Störungen haben Vorrang«. Wie viele Familien, Ehen, aber auch christliche Gemeinschaften sind daran zerbrochen, dass Kritik, Wut, Enttäuschungen und Schmerz immer und immer wieder heruntergeschluckt werden mussten »um des lieben Friedens willen«. Diesen »lieben Frieden« gibt es nämlich gar nicht; den hätten wir gerne, und zwar möglichst zum Nulltarif, und bezahlen für diese Illusion mit unseren Nerven, mit unserer Gesundheit, mit den vertanen schönsten Momenten unseres Lebens.

Gleich zu Beginn der Bibel wird uns die Geschichte von Kain und Abel vor Augen gestellt: »*Und Abel wurde ein Schäfer, Kain aber wurde ein Ackermann. Es begab sich aber nach etlicher Zeit, dass Kain dem Herrn Opfer von den Früch-*

ten des Feldes brachte und auch Abel brachte von den Erstlingen seiner Herde von ihrem Fett ein Opfer. Und der Herr sah Abel und sein Opfer gnädig an. Aber Kain und sein Opfer sah er nicht gnädig an. Da ergrimmte Kain sehr und senkte finster seinen Blick …« (Gen 4,2b – 5)

Der gesenkte Blick, die Wut, die wir in uns hineinfressen, ist Ausgangspunkt für Schlimmeres, wird zum Herd für Eskalationen, die wir nicht mehr im Griff haben, und endet in dieser Erzählung mit dem Brudermord. Neid, Missgunst, gepflegte Vorurteile schwelen unter »dem lieben Frieden«, und es braucht oftmals nur einen nichtigen Anlass, um das Pulverfass zum Explodieren zu bringen. Anders sind die unfassbar brutalen Übergriffe von Volksstämmen in aller Welt, sei es in Afrika oder im Kosovo, nicht zu erklären. Verletzungen und Kränkungen über Jahrhunderte ertragen und nie wirklich auf den Tisch gebracht, führen zu gesenkten Blicken, die schließlich in Mord und Totschlag enden können.

Es ist unbequemer, zu streiten und die Auseinandersetzung zu suchen, aber der Frieden, den man dadurch gemeinsam erringt, ist viel stabiler und gerechter als die Illusionen eines »lieben Friedens«. Als Christ habe ich dabei immer auch noch die Möglichkeit, mich auszustrecken nach dem Frieden Gottes, der höher ist als meine Vernunftargumente. Es gibt auch im Streit mitunter einen Punkt, wo wir nicht weiterkommen, wo uns aber der Friede Gottes, der über unsere Argumente hinausgeht, neu erfüllen und motivieren kann, einander als Schwester und Bruder zu begegnen.

Im Mittelpunkt des Werkes »Nathan der Weise« von Gotthold Ephraim Lessing steht die sogenannte Ring-Parabel, deren Geschichte von den drei nicht unterscheidbaren Ringen sich bis zum Jahr 1100 zurückverfolgen lässt. Es geht um die Frage, welche von den drei abrahamitischen Religionen (Judentum, Christentum und Islam) die vollkommenste sei. Dabei werden die Gläubigen der drei monotheistischen Religionen zu einem »Wettstreit der Liebe« heraus- und aufgefordert. Mehr inspirierte die Geschichte zu dem Liedtext »Die drei Ringe«.

Unser Ring, den wir als Christen tragen, heißt Jesus Christus, und je mehr wir »in Christus« sind, desto deutlicher wird die Kraft dieses Ringes in unserem Leben und Handeln sichtbar.

Selig sind, die um der Gerechtigkeit willen verfolgt werden, denn das Himmelreich ist ihrer

gegen

Selig sind die, die ausschließlich ihre eigenen Ziele verfolgen, denn sie sichern ihren Vorteil.

Zutiefst glücklich sollen die sein, die verfolgt werden. Auf den ersten Blick können wir das nicht nachvollziehen. Wenn wir uns jedoch in Erinnerung rufen, dass die Seligpreisungen den Zustand eines Menschen beschreiben, der sich in der Nachfolge Jesu befindet, also im Zustand des bereits in diese Welt hineinstrahlenden Reiches Gottes, dann werden wir sehr schnell verstehen, dass wir, wenn wir denn Jesus nachfolgen, natürlich auch verfolgt werden. Verfolgt werden wir zunächst einmal von den Werten und Vorstellungen jener Menschen, die Gott nicht kennen und beispielsweise Selbstverwirklichung, Materialismus und Gesundheit für die wichtigsten Grundpfeiler ihres Lebens halten. Schalten Sie den Fernseher ein und sofort wird Ihre Vision von einem ganzheitlich, dem liebenden Schöpfer zugewandten Leben (um mal eine Alternative zu nennen) torpediert und »verfolgt« von so ziemlich allem, was da im Fernsehen läuft. Angefangen von der Werbung, über die Talkshows bis hin zu vielen Spielfilmen geht es darum, ein völlig anderes Leben zu propagieren, als das, wofür uns der Weg Jesu gewinnen möchte.

Als ich im Alter von 14 Jahren den christlichen Glauben für mich ganz persönlich entdecken durfte, wollte ich auch andere für diesen Weg mit Jesus gewinnen. Ich begann mich in der örtlichen Jugendarbeit zu engagieren und Gitarre zu spielen, damit wir gemeinsam singen konnten. Eine Zeit lang haben wir uns einmal im Monat mit vier, fünf Jugendlichen in der Dorfkneipe getroffen. Dort haben wir uns an einen Tisch gesetzt, lasen in der Bibel und sprachen darüber. Unsere Idee war, dass andere »Kneipenbesucher« vielleicht neugierig werden könnten und sich zu uns setzen würden. Das hat manchmal auch tatsächlich funktioniert. Die Hauptreaktion der örtlichen Jugend war jedoch Spott und Hohn. Wir wurden als »nicht ganz richtig im Kopf« abgestempelt und mitunter auch öffentlich belächelt. Diese immer noch sehr harmlose Form der Verfolgung hat uns zwar schon gestört, aber sie hat uns auch bestärkt und dem Glück, das ich empfand, keinen Abbruch getan.

Etwa zu derselben Zeit gründete ich an unserer Schule einen Schülergebetskreis, der sich jeden Tag in der ersten Pause traf. Bald war ich an der Schule bekannt wie ein bunter Hund. Ich heftete

Plakate wie »Wenn dein Gott tot ist, nimm doch meinen: Jesus lebt!« an die Pinnwand und sorgte für Aufsehen. Vielen Mitschülern hat das sicherlich irgendwie imponiert, aber zu Wort melden sich ja meist nur die Spötter, und die hatten mich ab sofort »auf dem Kieker«. Man überzog mich mit spöttischen Spitznamen wie »unser Jesus« oder »Pfarrer« und versuchte unseren kleinen Kreis lächerlich zu machen. Für einen 14-Jährigen, mitten in der Pubertät, war das eine ganz schöne Zerreißprobe, aber alles in allem, haben mich diese Erfahrungen stärker, selbstbewusster und im Innersten auch glücklich gemacht.

All diese Beispiele sollen zeigen: Verfolgung verschiedenster Art gehört von Anfang an zu einem bewussten Leben als Christ, weil dieses Leben einen anderen Maßstab, als diese Welt ihn vorgibt, gefunden hat. Das kann und wird dann im Extremfall soweit gehen, dass die Existenz eines Menschen, einer Familie bedroht sein kann, wenn sie in einem totalitären Regime ihren Glauben leben und verwirklichen möchte. Wir dürfen diese Schwestern und Brüder nicht vergessen, die tatsächlich mit Leib und Seele verfolgt werden, schlicht und ergreifend deshalb, weil sie an Jesus glauben.

In der Apostelgeschichte wird uns berichtet, wie der Apostel Stephanus eine flammende

Bußpredigt hielt und mit seinen Worten und der geisterfüllten Atmosphäre seiner Predigt die Leute dermaßen gegen sich aufbrachte, dass sie ihn packten, vor die Stadt trieben und schließlich unter der Aufsicht eines gewissen Saulus steinigten: *»Er aber voll heiligen Geistes sah in den Himmel und erblickte die Herrlichkeit Gottes und sah Jesus stehen zur Rechten Gottes und sprach: Siehe, ich sehe den Himmel offen und des Menschen Sohn zur Rechten Gottes stehen.«* (Apg 7,54 ff.) Dieses Bekenntnis des Stephanus war der Auslöser der Steinigung, dieser euphorische Ausbruch brachte »das Fass zum Überlaufen«. Stephanus hatte in seiner Verkündigung das Unrecht und den Starrsinn des Volkes Israel angeprangert und wurde »um der Gerechtigkeit willen verfolgt«. In diesem Moment sah er *»den Himmel offen stehen«* und war ganz gefangen und verzückt von der Atmosphäre des Himmlischen. Die Gerichtspredigt, die seinen Zuhörern »durchs Herz« gegangen war, sodass sie wirklich wütend und aufgebracht waren (»und knirschten mit den Zähnen«), in Verbindung mit diesem fast schwärmerischen Bekenntnis brachte das Fass zu Überlaufen. Die Menschen konnten es offensichtlich nicht ertragen, dass da einer aus einer ganz anderen, womöglich göttlichen Atmosphäre heraus zu ihnen sprach und dabei kein Blatt vor den Mund nahm. Diese Souveränität des Gotteskindes, das keine Angst hat vor den Einschüchterungsversuchen der Umherstehenden, war so provozierend, dass die Situation eskalierte und Stephanus gesteinigt wurde. Noch im Todeskampf war er geborgen im offen stehenden Himmel, so sehr, dass er für seine Peiniger um Vergebung bitten konnte: *»Herr, behalte ihnen diese Sünde nicht!«*

Die Seligpreisung betont die Gerechtigkeit: »Selig sind, die um der Gerechtigkeit willen verfolgt werden, denn das Himmelreich ist ihrer.« Im Kern der Botschaft Jesu geht es um Gerechtigkeit. Und das war auch der Inhalt der Predigt des Stephanus: *»Welchen Propheten haben eure Väter nicht verfolgt? Und sie haben die getötet, die zuvor die Ankunft des Gerechten verkündigt haben, dessen Verräter und Mörder ihr nun geworden seid. Ihr habt das Gesetz durch die Dienste der Engel empfangen und habt es doch nicht gehalten.«* Mit dem »Gerechten«, von dem hier die Rede ist, ist Jesus gemeint, und er ist es, der mit den Seligpreisungen die Bergpredigt eröffnet. Das Grundthema der Bergpredigt ist »Gerechtigkeit«, und zwar eine Gerechtigkeit, die vor Gott Bestand hat. So muss jemand, der sich als Christ bezeichnet, immer auch diese Gerechtigkeit mit im Blick haben, gewissermaßen als Korrektiv für den eigenen

Glauben: »Herr, mache mich sensibel für deine Gerechtigkeit in dieser Welt.« Das Himmelreich bricht an für jene, die der Gerechtigkeit Raum geben und die versuchen, sie an ihrem Platz, in ihrem Alltag, mit ihren Möglichkeiten zu Wort kommen zu lassen. Das bedeutet, dass wir uns als Christen einsetzen für die, die keine Stimme in unserer Gesellschaft (mehr) haben, denn die Gerechtigkeit auf allen Ebenen ist ein Kennzeichen des Himmelreiches. Somit ist eine christliche Existenz, die sich nicht in die Ungerechtigkeiten und Ungereimtheiten dieser Welt einmischt und gegen sie auf(er)steht, letztlich nicht denkbar.

Wenn dein Kind dich morgen fragt …

Wie kann ich glauben
in einer Welt, die nur noch glaubt,
was man in Zahlen
auf dem Konto sieht?
Wie kann ich glauben
an einen Gott, der Liebe wagt?
Was soll ich sagen,
wenn mein Kind mich fragt?

Wie kann ich leben
in einer Welt, die leblos wirkt,
wo's keinen Spielraum mehr

für Träume gibt?
Wie kann ich leben
in einer Welt, die nichts mehr wagt?
Was soll ich sagen,
wenn mein Kind mich fragt?

Was wirst du sagen
zu all den Fragen?
Was wirst du sagen,
was hast du gewagt?
Was wirst du sagen,
wenn dein Kind dich morgen fragt?

Wie kann ich handeln
in einer Welt, die es nicht schafft,
an einem Strang zu ziehn
zum Wohl der Welt.
Wie kann ich handeln,
wenn jegliche Vernunft versagt?
Was soll ich sagen,
wenn mein Kind mich fragt?

Doch ich will glauben
an einen Gott, der uns vertraut
und dessen Liebe uns
und diese Welt belebt.
Er prägt mein Handeln,
darum bleib ich unverzagt.

So will ich leben,
wenn mein Kind mich fragt.

Was wirst du sagen
zu all den Fragen?
Was wirst du sagen,
was hast du gewagt?
Was wirst du sagen,
wenn dein Kind dich morgen fragt?

Selig seid ihr, wenn Euch die Menschen um meinetwillen schmähen und verfolgen und reden allerlei Übles wider euch, so sie daran lügen

gegen
Selig seid ihr, wenn euch die Menschen
für etwas ganz Besonderes halten,
weil ihr nach außen hin etwas darstellt,
Karriere gemacht habt und
»es geschafft habt«.

Für einen Menschen, der ernsthaft Jesus nachfolgt, gehört es dazu, dass er verfolgt wird. Als Menschen in einem mehr oder weniger freien Land hat diese Verfolgung oft damit zu tun, wie andere über uns denken und reden, vor allem dann, wenn wir nicht anwesend sind. »Schmähen« hat Luther übersetzt, man könnte auch »herabsetzen« oder »diffamieren« sagen. Wenn jemand unsicher ist oder keine geeigneten Argumente hat, um seinen Standpunkt zu behaupten, dann beginnt er, seinen »Gegner« klein zu machen und ihn ins Lächerliche zu ziehen. »Schmähen« heißt, jemanden verbal niedermachen, es kann aber auch bedeuten, dass man jemanden mit sehr fein gewählten Worten so einordnet, dass deutlich wird, dass das Gegenüber gar nicht die Voraussetzungen erfüllt, als vollwertiges Gegenüber ernst genommen zu werden.

Leider findet man diese üble Angewohnheit auch unter Christen: Christen unterschiedlicher Prägungen schmähen, ja diffamieren einander, statt sich gemeinsam auf die Mitte, auf Christus zu konzentrieren.

Als ich noch zur Schule ging, war ich ein so genannter Fahrschüler, das heißt wir wohnten in einem kleinen Dorf und ich musste jeden Tag mit dem Bus in eine Kleinstadt fahren, wo ich zur Schule gehen konnte. An der Bushaltestelle spielte sich eine Zeit lang jeden morgen dieselbe Szene ab: Immer wenn ich mich der Haltestelle näherte, lösten sich zwei ältere Jungs aus der Gruppe der Wartenden, steuerten auf mich zu und begannen, mich zu piesacken. Sie knufften und stießen mich, sagten gemeine Sachen und machten ständig Witze über mich, über mein

Aussehen, über meine Eltern und so weiter. Diese Jungen schmähten mich, und ein Grund, mich zu schmähen, war die Tatsache, dass ich Pfarrerskind und schon als Jugendlicher bekennender Christ war. Ich hatte vor denen Angst und konnte sie nicht ausstehen, traute mich aber auch nicht, gegen sie aufzubegehren, denn das hätte ja alles noch viel schlimmer gemacht. Diese Jungen waren damals meine Feinde.

Es gab auch einen Lehrer, der mich nicht leiden konnte und der versuchte, mich regelmäßig vor der Klasse bloßzustellen. Ich hasste diesen Lehrer, ich hasste seinen Unterricht, ich hasste, wie er mich ansah und wenn er mich aufrief – er war mein Feind.

Schon sehr früh konnte ich auf die Frage: »Hast du Feinde?« mit »Ja« antworten, denn ich wusste und erlebte, dass es Menschen gab, die nicht gut mit mir umgingen, die mir Angst machten und mich in die Ecke trieben.

Nun macht diese Seligpreisung allerdings zwei Einschränkungen: »Selig seid ihr, wenn ihr *um meinetwillen* verschmäht werdet … und reden allerlei Übles wider euch, *so sie daran lügen.*« Und da gilt es natürlich, sich selbst gegenüber die nötige Distanz zu entwickeln und sich selbst die Frage zu stellen: Werde ich tatsächlich geschmäht, weil ich versuche »Jesus hinterherzustolpern«, oder hat das vielleicht auch noch andere Gründe? UND haben die, die nun so über mich herfallen nicht vielleicht auch an bestimmten Punkten recht? Es gibt natürlich Beispiele von christlichen Zeitgenossen, die sich selbstgerecht auf einen Standpunkt zurückziehen, keinerlei Kritik an sich heranlassen und die sich dabei auch noch von dieser Seligpreisung bestätigt fühlen. Wenn ich einen dieser Texte benutze, um meinen eigenen Standpunkt zu rechtfertigen oder zu untermauern, ist etwas faul. Die Seligpreisungen wollen uns nicht heiligsprechen, sondern uns hinweisen auf die Lebensdimension, auf die derjenige hinlebt, der Jesus nachfolgt.

Aber wahrscheinlich ist das der Normalfall, dass wir »Feinde« haben, und deshalb beten wir im Psalm 23: *»Du bereitest vor mir einen Tisch im Angesicht meiner Feinde.«* Dieser Psalm möchte uns helfen, mit unseren Feinden umzugehen. Und er macht eine Zusage:

»Du hast einen so kraftvollen Freund und Begleiter, der dich selbst in der Gegenwart deiner Feinde das Leben in vollen Zügen genießen lässt. Du kannst Gott als einen mächtigen Freund erfahren, der zu dir hält und der dir vor allem eines schenkt: Gelassenheit.« *»Du bereitest vor mir einen Tisch im Angesicht meiner Feinde.«* Das ist ein Bild für Gelassenheit, und aus dieser Gelassenheit heraus kann Jesus in der Bergpredigt nun geradezu unglaubliche Dinge sagen. Er sagt beispielsweise.: »Liebt eure Feinde, segnet, die euch verfluchen, tut Gutes denen, die euch hassen!« Jesus sagt nicht: Du darfst keine Feinde haben – im Gegenteil, er sagt: Du hast Feinde! Erkenne das, akzeptiere es, denn nur dann kannst du anfangen, anders mit ihnen umzugehen. Nur wenn du bereit bist, deinen Feinden ins Auge zu schauen, kannst du einen Lebensstil entwickeln, bei dem nicht die Feinde, sondern die Liebe gewinnt: »Liebe deinen Feind!« Jemand hat einmal gesagt: »Liebe deine Feinde, denn das bringt sie völlig durcheinander.« Und es ist ja eine verkehrte Welt, die Welt der Bergpredigt, eine Welt, die sich letztendlich nur demjenigen erschließt, der sich der Tatsache bewusst ist, dass das Reich Gottes bereits jetzt mitten unter uns anbricht. Der Schlüssel zu diesem Bewusstwein der Nachfolge liegt im Gebet, und deshalb bringt Jesus mitten in der Bergpredigt (Mt 6, 6 ff.) seinen fassungslosen Zuhörern das wundervolle Gebet »Vater Unser« bei. Da, wo wir nicht weiter wissen, da, wo wir an unsere Grenzen geraten, dürfen wir vor Gott, unseren Schöpfer, treten, ihn ganz persönlich mit »Vater« ansprechen und darum bitten: »Dein Reich komme, dein Wille geschehe!«, und wir sagen damit: »Komm *Du* mit deinen unbegrenzten Möglichkeiten in meine begrenzte Welt und lass mich zum Überschreiter meiner engen Grenzen werden.« *Neben der Dankbarkeit ist das Gebet der zweite große Schlüssel zur Seligkeit.*

Seid fröhlich und getrost, es wird euch im Himmel wohl belohnt werden. Denn so haben sie die Propheten verfolgt, die vor euch gewesen sind

gegen

Seid fröhlich und lebt, wenn ihr könnt, wie »Gott in Frankreich«.

Das haben wir schon immer so gemacht und das werden wir auch weiter so machen.

Hier wird nun noch einmal abschließend gesagt, in welcher Tradition sich die Menschen befinden, die die Welt so erleben, wie die Jünger aller Zeiten es tun: Sie befinden sich in einer Reihe mit den Propheten des Alten Testamentes, ja sie werden selbst Propheten genannt. Die Propheten im Alten Testament waren gerade die Menschen, die die unangenehme Wahrheit immer und immer wieder »auf den Tisch« brachten. Es waren die Menschen, die von Gott in besonderer Weise berufen waren, durchzublicken und mit scharfen Worten, mutigen Aktionen und in eindrucksvollen Bildern der bestehenden Gesellschaft den Spiegel vorzuhalten. Die Propheten waren die Clowns, die Hofnarren, die Wortakrobaten und die politisch-geistlichen Kabarettisten. *»Ich bin euren Feiertagen gram und verachte sie und mag eure Versammlungen nicht riechen. Und wenn ihr mir Brandopfer und Speiseopfer opfert, so habe ich keinen Gefallen daran und mag auch eure fetten Dankopfer nicht ansehen. Tu weg von mir das Geplärr deiner Lieder, denn ich mag dein Saitenspiel nicht hören! Es ströme aber das Recht wie Wasser und die Gerechtigkeit wie ein nie versiegender Bach.«* (Amos 5,22–24) Das ist die Sprache der Propheten: mächtig, klar und elementar. Ich gebe zu, dass mich dieser Text daran erinnert, dass auch mein Beruf als Liedermacher und Pfarrer sich immer und immer wieder messen lassen muss an der Frage: Wie hältst du es mit der Gerechtigkeit, hast du die Gerechtigkeit im Blick: *»Das Recht ströme wie Wasser und die Gerechtigkeit wie ein nie versiegender Bach.«* In der kargen Landschaft Israels ist es ein überaus eindrucksvolles Bild.

Als ich vor einiger Zeit den Kabarettisten Volker Pispers mit seinem immer wieder aktualisierten Programm »bis neulich« erleben durfte, war ich einmal mehr fasziniert von der Schärfe, dem Wissen und der Wortgewalt dieses Menschen, und ich dachte bei mir – so müssen die Propheten des Alten Testamentes aufgetreten sein. Welch eine Ehre, welch eine Freude, wenn man mit solchen Menschen in einem Atemzug genannt wird. Nun denkt vielleicht die eine oder der andere: Na ja, du bist Künstler, Pfarrer und Sänger, da mag das ja noch halbwegs zutreffen, aber ich versuche nur in meinem Alltag das bisschen, was ich vom Reich Gottes erkannt habe, umzusetzen, und selbst mit dem bisschen ecke ich schon immer wieder an. Aber genau all jene, die an ihrem Platz, den der liebe Gott ihnen zugedacht hat, versuchen in den Dimensionen der Seligpreisung zu leben, zu denken und zu handeln, leben prophetisch, sind von Gott in besonderer Weise begabt und beauftragt, Salz und Licht in dieser Welt zu sein. Ich meine, wenn wir schon in dieser Welt leben, dann doch bitte wach und mit offenen Augen, Ohren und mit dem Mut der Propheten.

»Seid fröhlich und getrost, denn es wird euch im Himmel belohnt werden.« Menschen, die prophetisch leben, wissen auch, dass der Tod nicht das letzte Wort hat und dass vieles, was Menschen auf dieser Welt an Unsinnigem unternehmen und treiben, aus der Angst, etwas zu verpassen, geboren ist. Der prophetisch begabte Mensch hat diesen Druck nicht. Er weiß um eine Welt, die kommen wird, in der das, was in den

Seligpreisungen angedeutet wird, dann vollendet und ganz verwirklicht sein wird. Wir leben bereits in einer Welt, die von der Hoffnung genährt wird, dass Gott einmal »alle Tränen abwischen wird«. Und auch daraus speist sich unsere Freude und unser Trost.

Die HabSeligkeiten in unserem Alltag

Momente des Glücks, Momente der Seligkeit, jeder und jede kennt und erlebt solche Momente. Allerdings muss man sich diese Glückseligkeiten auch bewusst machen oder es sich sagen lassen und sich selbst sagen: »Hey, jetzt bist du glücklich, jetzt gerade in diesem Moment stimmt alles. Warum hast du trotzdem schlechte Laune?« Als wir vor einiger Zeit wieder das kalifornische Städtchen Berkeley besuchten und »alte Stätten« aufsuchten, landeten wir auch in einem schönen Café, das wir von früher kannten. Draußen war ein strahlend blauer Himmel, es war ein wunderschöner Sommertag, ein leichtes Lüftchen wehte, und trotzdem saßen wir da – gestresst, vertieft in irgendwelche Broschüren und wortkarg. Ich hatte mich gerade an die Theke gestellt, um zwei Kaffee und Getränke für die Kinder zu ordern, da kam ein Mann rein, strahlte über das ganze Gesicht und rief der Frau hinter dem Tresen zu: »What a perfect day!« – »Was für ein wunderschöner Tag!« Da musste ich schmunzeln und kräftig durchatmen und es mir selbst sagen: »Ja, er hat recht: Dies ist ein perfekter Tag, alles stimmt, und nun sei auch glücklich!« Ich kam zurück mit den Getränken an unseren Tisch und Rosi fragte mich: »Warum lächelst du?«, und ich erzählte ihr von meiner Begegnung. Da musste auch sie lächeln, und schlagartig veränderte sich die Atmosphäre unseres Tages, unser Umgang miteinander und die weitere Gestaltung unserer Reise.

»Zutiefst glücklich« ist meine Übersetzung des alten Wortes »selig«. Wenn ich Ihnen nun von Situationen und Aktivitäten erzähle, bei denen ich »zutiefst glücklich« bin, dann tue ich dies zum einen, um Sie vielleicht hier und da auf eine neue Spur zu locken. Ich tue es aber auch zum anderen, damit Sie überlegen können, welche Beispiele Ihnen in Ihrem Alltag einfallen, bei denen Sie sagen: »Das macht mich zutiefst glücklich!«

Wer sich auf dieses kleine Training einlässt und wer bereit ist, seinen ureigensten »Glückseligkeiten« auf die Spur zu kommen, wird dabei merken, dass die Dankbarkeit ein wichtiger Schlüssel zu dieser Erkenntnis ist. Ohne die Fähigkeit, einen Moment, ein Erlebnis, eine Begabung wie ein Geschenk dankbar in Empfang zu nehmen, wird das Wunder der Seligkeit verschlossen bleiben.

Kostbare Momente

Endlich angekommen,
endlich hab ich Zeit,
fühl mich wie benommen,
such die Einsamkeit.
Völlig überladen
tickt die Uhr voran,
ich verlier den Faden,
deshalb halt ich an.

Meine Seele atmet
langsam aus und ein,
hat auf mich gewartet,
hilft mir der zu sein,
der ich bin und werde
langsam Schritt für Schritt,
unter mir die Erde
hält und trägt mich mit.

Kostbare Momente,
Diamantenraum,
manches heiß Ersehnte,
manchen alten Traum
können sie beleben,
schenken mir die Kraft,
niemals aufzugeben
meine Leidenschaft.

Und die Wogen schlagen
über mir ein Dach,
allzu viele Fragen
halten nachts mich wach.
Wie wird alles enden,
mein Weg scheint so weit?
Hab Angst zu verschwenden
meine beste Zeit.

Kostbare Momente,
Diamantenraum,
manches heiß Ersehnte,
manchen alten Traum
können sie beleben,
schenken mir die Kraft,
niemals aufzugeben
meine Leidenschaft.

Hab mich hetzen lassen.
Zeitdruck im Genick,
ließ mich fast verpassen
diesen Augenblick,
der so vieles wendet
hin zu meinem Glück,
ich war wie geblendet,
doch ich fand zurück.

Ein gutes Gespräch

Ich liebe gute Gespräche, und das ist auch ein Grund, warum wir so gerne Gäste in unserem Haus haben, Freunde und Menschen ganz unterschiedlicher Nationalität, Herkunft und Profession. Am schönsten ist es, wenn die Gäste über Nacht bleiben und man am nächsten Morgen, bei einem gemütlichen Frühstück, das am Abend Besprochene nun noch einmal reflektieren und gemeinsam weiterdenken kann. Denn genau das geschieht für mich in einem guten Gespräch: Wir denken gemeinsam weiter und lassen uns inspirieren durch die Erfahrungen und Gedanken des anderen. Schon so manches Lied, schon so mancher Gedanke für einen Text oder eine Predigt wurden aus einem solchem Austausch geboren. Und natürlich gilt der alte Satz: »Es hat noch nie dümmer gemacht, eine andere Meinung zu hören!« Ich möchte sie hören, die andere Meinung, ich möchte das Fremde betrachten, nicht immer nur das Eigene, und ich möchte sehen, ob meine Meinung den Argumenten der anderen standhält. Das klingt jetzt alles sehr steif und reflektiert, ist es aber gar nicht, denn ein gutes Gespräch entwickelt sich oft fast wie aus dem Nichts. Regelmäßig treffen wir uns mit Freunden, sitzen zusammen, trinken eine gute Flasche

Wein und beginnen zu plaudern. Zunächst kommen die Ereignisse der letzten Tage auf den Tisch, wir erzählen uns, was uns gerade so bewegt, und irgendwann kommen wir zu einem Thema, das uns mehr Zeit kosten, denn auf einmal möchte jeder und jede etwas zu diesem Thema sagen. Kontrovers geht es dann zu und nicht ohne Emotionen. Nachdenklichkeit und Engagement, aber auch eine gewisse Gelassenheit und Humor gehören für mich zu einem guten Gespräch. Ein Gesprächspartner, der sich verbeißt und nicht zwischendurch auch über sich selbst lachen kann, ist für mich zu anstrengend, zumindest wenn es um ein gutes »Feierabendgespräch« geht. Bei öffentlichen Diskussionen ist das etwas anderes. Aber hier geht es um ein gutes, privates Gespräch. Dabei muss man nicht unbedingt zu einer einvernehmlichen Lösung kommen. Das Gespräch kann und darf auch ruhig so enden: »Ich sehe das zwar komplett anders, aber heute Abend kommen wir hier nicht mehr weiter und das macht auch nichts.« Eine humorvolle Zwischenbemerkung unterbricht die sich eventuell einschleichende Verbissenheit, und schon entspannt sich das Gespräch und die Begegnung.

Ich habe das große Glück, mit Musikern unterwegs zu sein, mit denen ich befreundet sein darf. Einer meiner engsten Freunde ist der Schweizer

Pianist David Plüss. Auf unseren langen Autofahrten haben wir schon hunderte von guten Gesprächen geführt. Wir haben Zeit, schauen beide hinaus auf die fast meditativ vor uns liegende Autobahn und sind sofort in ein Gespräch vertieft. Das sind nicht immer unbedingt besonders wertvolle Gespräche, aber wir teilen einander mit, was uns gerade so auf dem Herzen liegt. Wir haben Zeit zum Reden, und das ist schön. Immer wieder gibt und gab es dabei Momente, in denen es gut war, einen vertrauten Gesprächspartner (außerhalb der jeweiligen Ehe) zu haben, bei dem man alles Gesagte 150 Prozent gut aufgehoben wusste. In solchen Zeiten, die oft für den einen oder anderen Krisenzeiten waren, hatten solche guten Gespräche etwas tief Beglückendes, waren solche Momente des Austausches wie kleine hoffnungsvolle Kerzen in einem dunklen Tunnel. Ein anderer lieber Freund, der Gitarrist Adax Dörsam, brachte neulich gar seine Freude über einen Stau, in den wir gerieten zum Ausdruck: »Jetzt haben wir mehr Zeit zum Reden und Musik hören …« Wenn Adax in mein Auto steigt, mit seiner »Schaffdasch« im Gepäck, dann hat er immer CDs und Musikbeispiele dabei, die ich mir anhören darf und die er gerne mit mir diskutieren möchte. Manchmal liest er mir aus einem Buch vor oder hat einen kuriosen Zeitungsartikel dabei

– in jedem Fall ist jeweils genügend Gesprächsstoff da, um oft stundenlange Autofahrten zu gestalten.

Zutiefst beglückend sind auch die meisten Gespräche in unserer Ehe. Eine Zeit lang, vor allem als unsere Kinder noch kleiner waren, haben wir es geschafft, einmal die Woche abends Essen zu gehen und miteinander zu reden. Und auch heutzutage nehmen wir uns immer wieder bewusst Zeit füreinander, um zu hören und zu sehen, wie es dem anderen geht. Gerade unter eng zusammenlebenden Menschen kann die einfache Frage: »Wie geht es dir?« ein abendfüllendes Gesprächsthema eröffnen, vor allem dann, wenn genügend Zeit da ist und das Gegenüber signalisiert: »Ich möchte wirklich wissen, wie es dir geht!« Und beglückend sind natürlich auch jene Gespräche im Nachklang, in denen Unausgesprochenes endlich gesagt wird, durch die ein reinigendes Gewitter in die Beziehungsatmosphäre fährt, Missverständnisse geklärt werden können und Versöhnung möglich wird. Gerade für eine Lebensbeziehung ist das regelmäßige gute Gespräch lebensnotwendig. Hier gilt der alte Satz: »Wer sich nicht auseinander*setzt*, *geht* irgendwann auseinander!«

Freundschaft

»Freunde sind Gottes Entschuldigung für Verwandte« sagt ein irisches Sprichwort. Das soll weniger die Verwandten brüskieren als vielmehr die Freunde aufwerten. Verwandte hat man, ob man will oder nicht. Freunde kann man sich aussuchen, sie sind Seelenverwandte, die einem oft viel mehr bedeuten als die, mit denen man verwandtschaftlich verbunden ist. Nichtsdestotrotz sind Verwandte wichtig. Gerade in Krisenzeiten zeigen »die Blutsbande« oftmals eine ungeahnte Qualität. Aber es gibt in jeder Verwandtschaft auch jene Menschen, auf die man gut und gern verzichten könnte, und umso mehr freut man sich über ein paar wenige gute Freunde. Freundschaft hat etwas mit Begegnung zu tun, zwei Menschen begegnen einander und kommen ins Gespräch, sie merken, der andere interessiert sich für mich und aus dem, was er sagt, spüre ich, dass er mir wirklich zugehört hat und es gut mit mir meint. Aus dieser Begegnung wachsen Verabredungen, auf die man sich freut, und aus den vielen Verabredungen, Gesprächen, gemeinsamen Erlebnissen und Begegnungen wächst schließlich das Wunder und Geschenk einer Freundschaft. Freundschaft braucht Zeit und sie kann nur wachsen in den Gärten ganz unterschiedlicher Erfahrungen. Sie muss

Kontroversen standhalten und dem anderen erlauben, mir ehrlich und offen seine Meinung zu sagen. Sie lebt von der Sehnsucht nach einander und davon, dass man sich, wenn man sich längere Zeit nicht gesehen hat, versucht zu verabreden. Doch es gibt auch jene Freundschaften, die aus der Ferne existieren können und die sofort präsent und aktivierbar sind, sobald man sich wieder sieht. Im Jahr 2001 verbrachten wir als Familie vier Monate in Berkeley bei San Francisco. Dort lernten wir eine amerikanische Familie kennen, mit der wir uns schließlich eng anfreundeten. Nach knapp drei Monaten voller Begegnungen und guter Gespräche gingen wir wehmütig auseinander und versprachen, in Kontakt zu bleiben. Da wir jedoch alle sehr beschäftigt sind, wurden die Abstände der E-Mails immer länger und die Inhalte immer kürzer. Aber der Wunsch und das Gefühl Freunde zu sein, ging nicht verloren. Und so ist es uns gelungen, dass wir uns im Abstand von zwei Jahren immer wieder gegenseitig besuchen. Jedes Mal, wenn wir uns treffen, ist es so, als wäre gestern die letzte Verabredung gewesen, und wir können sofort wieder anknüpfen an die alten Begegnungen und Erlebnisse. Das empfinde ich als zutiefst beglückend.

Allerdings, wirkliche Freunde hat man nicht viele. Schon allein deshalb nicht, weil man gar nicht die Zeit und die Möglichkeit hat, allzu viele enge Kontakte aufzubauen. Ich schätze mich sehr glücklich, dass wir an dem Ort, an dem wir als Familie leben dürfen, eine Reihe wirklicher Freunde und nochmals eine Handvoll freundschaftlicher Weggefährten haben, die uns mit Rat und Tat zur Seite stehen und uns liebevoll begleiten. Das zu wissen und zu spüren ist zutiefst beglückend und schafft für mich Heimat.

Freundschaft lebt allerdings auch von meiner Bereitschaft und meinem Wunsch, dem anderen Freund zu sein. Jesus sagt an einer Stelle: »Nicht ihr seid meine Freunde, weil ihr mich erwählt habt, sondern ihr seid meine Freunde, weil ich euch erwählt habe.« Ein guter Freund sagte nach einem Streit zu mir: »Hab keine Angst, ich bin ein hartnäckiger Freund. Wenn ich mich einmal entschieden habe, jemandem Freund zu sein, dann muss schon sehr viel passieren, bevor dieser Entschluss ins Wanken gerät.« Und solch ein Entschluss: »Ich will dir Freund sein!« kann dann auch helfen, Durststrecken und schwierige Situationen in einer Freundschaft zu überbrücken.

Es gehört zu einer Freundschaft, das Wohl des Freundes klar und fast »prophetisch« im Blick zu haben und ihn in schweren Zeiten nicht nur zu begleiten, sondern auch auf neue Spuren zu führen. Solche gemeinsam durchschrittenen Täler geben einer Freundschat jene Qualität und Reife, die zutiefst beglückend, ja selig machend ist, weil sie das Heil, das Wohl des anderen nachweislich im Blick hat.

Freunde

Freunde sind selten
und selten bequem,
sind manchmal kantig
und unangenehm,
woll'n nicht gefallen,
sondern zu dir gehör'n,
stehn auf der Matte,
auch wenn sie
grad stör'n.

Freunde sind leise,
schauen dir zu,
lassen dich weise,
wenn nötig in Ruh,
haben nicht nur
sich selber im Blick,
lassen dich, weise,
und ziehn sich
zurück.

Freunde sind ehrlich,
locken dich raus,

werden gefährlich
dem Kartenhaus,
lassen die Spiele
dir nicht durchgehn,
es sind nicht viele,
die so zu dir
stehn.

Freunde zu finden
ist ziemlich schwer,
denn wer lässt sich
binden und
gibt von sich mehr
als ein »Hallo«
und ein wenig Zeit,
wer ist schon
zum Geben und Lieben
bereit?

Schwimmen

Wo immer und wann immer sich mir die Möglichkeit bietet, gehe ich schwimmen. Ich liebe es, einzutauchen und unterzutauchen, mich tragen zu lassen und kraftvoll das kühle Nass beiseitezuschieben. Sobald wir unterwegs ein Hotel mit Schwimmbad haben, kann man mich genau dort finden, und die Badehose gehört zum festen

Gepäckstück, auch wenn wir auf Konzertreise sind. Im Sommer versuche ich jeden Tag mindestens eine halbe Stunde zu schwimmen, das macht mich glücklich. Die gleichmäßigen Schwimmzüge verschmelzen mit der Zeit, und ich beginnen zu meditieren, mitunter bete ich auch während des Schwimmens: »Danke, lieber Gott, für die Zeit, die ich mir nehmen kann. Danke für meinen Körper. Danke für dieses wunderbare Wasser!« Zugegeben, die Seligkeit wird da empfindlich gestört, wo andere Schwimmer meinen, sie müssten ihre Bahn »auf Teufel komm raus« verteidigen, und die nicht im Traum daran denken, auf andere Schwimmer Rücksicht zu nehmen. Allein an dem, was sich auf und zwischen stark frequentierten Bahnen eines Schwimmbades an Konfrontationen und Emotionen abspielt, könnte man soziologische Rückschlüsse auf den Zustand einer ganzen Gesellschaft ziehen.

Da gibt es die wohlbeleibten, älteren Damen, die sich, bevor sie das Becken besteigen, noch einmal derart mit Parfum bestäuben, dass sie ihre Bahnen allein durch ihren Geruch einmal kräftig kennzeichnen und »markieren«. Zu zweit ziehen sie dann mit stoischer Ruhe und in gemächlichem Tempo, nebeneinander und ins Gespräch vertieft, ihre mindestens zwei Bahnbreiten einnehmenden Strecken. Sind sie am Ende einer Bahn angekommen, blockieren sie das Bahnende, sodass man als »Bahnenschwimmer«, der gerne bis zum Rand schwimmen möchte, quasi fast in ihren Armen landet. Ich kann nicht behaupten, dass das tatsächlich zu meiner Seligkeit beitragen würde.

Dann gibt es junge Familien, die völlig unbekümmert so tun, als würden sie nicht merken und nicht wissen, dass es in jedem Schwimmbad einen schmalen, gut erkennbaren Abschnitt gibt, der für jene gedacht ist, die Bahnen schwimmen wollen. Die plantschen einem dann völlig unberechenbar kreuz und quer in die Strecke, und man hat schon mal einen Kinderfuß im Bauch oder am Kopf. Wagen Sie es, etwas zu sagen, gelten Sie sofort als kinderfeindlich und werden erst recht ignoriert.

Dann gibt es natürlich die Kampfschwimmer. Man erkennt sie sofort an der professionellen Schwimmerbrille, den verbissen nach unten weisenden Mundwinkeln und der Tatsache, dass sie schneller, zielgerichteter und rücksichtloser als alle anderen wild entschlossen sind, »ihre Bahn zu behaupten«.

Die Unbekümmerten sind die, die so tun, als würde das ganze Schwimmbad ihnen gehören, und die auch bei größtem Betrieb versuchen, auf dem Rücken liegend zu schwimmen. Stößt man mit diesen Menschen aneinander, so muss man sich wilde Schimpftiraden über die eigene Rücksichtslosigkeit anhören.

Und dann gibt es zwischen diesem Wirrwarr auch noch mich, der ich einfach nur selig vor mich hin schwimmen möchte und dabei versuche, den anderen so gut wie möglich auszuweichen.

Richtig selig bin ich jedoch, wenn ich in Ruhe schwimmen kann, ohne über die anderen nachdenken zu müssen.

Im Sommer 2008 haben wir als Familie zunächst 14 Tage am Meer verbracht und dann noch einmal eine Woche in der Schweiz. Es war einfach herrlich, jeden Tag im Salzwasser zu schwimmen, selbst bei hohem Wellengang, denn der große Pool unseres Hotels war ebenfalls mit Salzwasser gefüllt. Am schönsten war es jedoch direkt im Meer zu schwimmen, das Salz auf der Haut zu spüren und sich anschließend genüsslich mit Süßwasser abzuduschen. Jeden Tag konnte ich mindestens 30 Minuten lang völlig ungestört vor mich hin schwimmen. Unser Sohn Robin ließ sich bald von meiner Schwimmbegeisterung anstecken, und so sind wir jeden Tag gemeinsam geschwommen. Nach dem Urlaub am Meer ging es, wie erwähnt, noch für eine Woche in die Schweiz an den Ägerisee, und auch das war herrlich, dieser kühle Süßwasser-Bergsee – so ganz anders als das Meer und doch schier endlos groß und tief. Das komfortable Freizeitheim, in dem wir als Familie untergebracht waren, lag zum einen direkt an diesem See, mit einem eigenen Strand und Bootshaus, und zum anderen hatte es ein wunderbares Hallenbad – ein Paradies für uns Schwimmer. Irgendwann gegen Ende dieser Woche blickte unser Robin hinaus auf den See an das zwei Kilometer entfernte Ufer und sagte: »Ich werde dort hinüberschwimmen!« Dem Papa stockte fast der Atem, ich holte tief Luft und hörte mich sagen: »Okay, dann schwimm ich mit, und die Mama begleitet uns mit Enya im Ruderboot.« Gesagt, getan, gleich am nächsten Tag war es soweit: Das Ruderboot wurde aus dem Schuppen geholt, und wir zwei Männer sprangen ins Wasser und begannen, den See zu durchschwimmen. Die ersten Ruderversuche meiner lieben Frau sahen dann doch ziemlich chaotisch aus, sodass ich zu Robin meinte: »Ich glaube, die größte Gefahr für uns auf diesem See geht von diesem Ruderboot aus.« Doch schließlich fanden alle ihren Rhythmus, und nach eineinhalb Stunden kamen Vater und Sohn erschöpft, aber stolz und glücklich am jenseitigen Ufer an. Es war ein zutiefst beglückendes Gefühl, das sich in diesem Moment einstellte.

In dem Lied »Aus heiterem Himmel« beschreibe ich einen alten Traum von mir, nämlich einmal mit Delfinen gemeinsam oder gar von ihnen getragen, schwimmen zu dürfen. Ähnliche Situationen durfte ich zweimal bisher erleben: einmal vor der Ostküste der USA, als eine große Delfinherde an uns vorbeizog und ich ins Wasser sprang und in ihre Nähe schwamm, und ein anderes mal in Ägypten, als plötzlich bei einem Tauchgang zwei sehr nette Delfine auftauchten und für etwa eine halbe Stunde mit uns »spielten«.

Aus heiterem Himmel

Aus heiterem Himmel
fällt die Freude
mir in meinen Tränenschoß.
Plötzlich, völlig
unvermutet,
lache ich und laufe los.
Unbeschwert
und voller Träume
singe ich ein neues Lied,
atme tief,
umarme Bäume,
weiß,
dass du mich
siehst und liebst.

Aus heiterem Himmel
lern ich andre
Menschen kennen, und dabei

habe ich auf
einmal den Eindruck:
»Mensch, dich
kenn ich lange Zeit!«
Wie Verwandte,
wie Geschwister
fühlen wir uns
schnell vertraut,
und wir reden,
schweigen, singen,
lachen offen,
frei und laut.

Aus heiterem Himmel
tauchen Delfine
plötzlich vor mir
auf, und dann
lass ich mich
hinuntergleiten,
reite mit
dem Wellengang.
Tauche unter,
tauche auf,
tauche in die Sprudelwelt,
und ich spüre
auf dem Bauch
Liebe, die mich
trägt und hält.

Tiere

Als ich im Alter von 13 Jahren einen kleinen Hund geschenkt bekam, war das für mich wunderschön. Da mein Vater Pfarrer im Reisedienst war, sind wir als Familie sehr viel umgezogen. Allein in der Grundschulzeit musste ich viermal die Schule wechseln, zwischen Rheinland, Niedersachsen und Bayern. Dann besuchte ich für ein Jahr ein Internat, und anschließend lebten wir ein Jahr lang als Familie in den USA. Diese Zeit hat meinen Horizont unglaublich erweitert, aber als wir dann wieder in Deutschland waren, hatte ich keinen Freund und nur sehr wenige Bezugspersonen außer meiner Familie. Da kam diese kleine Dackeldame, wir nannten sie »Heidi«, wie ein großes, wunderbares Geschenk. Sie war für mich für lange Zeit mein allerbester Freund. Wenn ich traurig war, verstand sie mich, wenn ich einsam war, dann war sie da, wenn ich draußen etwas unternehmen wollte: Ich hatte Heidi mit dabei. Sie schlief sogar mit mir in einem Bett, am Fußende, und kam morgens zu mir hochgekrochen und weckte mich, indem sie mir freudig quiekend das Gesicht ableckte. Und natürlich: Niemand kann seine Wiedersehensfreude so sehr zeigen wie ein Hund. Da bebt der ganze Körper, ein Hund ist regelrecht außer sich vor Freude, und man fragt sich mitunter: Worüber freut sich dieses Wesen eigentlich so? Es hängt wohl mit Treue zusammen und mit Freundschaft – existentielle Werte. Unsere amerikanischen Freunde haben mir ein Gebet beigebracht: »Lieber Gott, lass mich zu dem Menschen werden, für den mein Hund mich hält!« So wie Heidi mich nach der Schule begrüßt hat, hatte ich den Eindruck: »Du bist unheimlich wertvoll, geschätzt, geachtet und geliebt, und für diesen Dackel bist du der wichtigste Mensch auf Erden!« Heidi war selig, wenn sie mich wiedersah, und ich ließ mich gerne anstecken von ihrer Seligkeit. Gemeinsam haben wir zutiefst glückliche Momente in einer für mich als Jugendlichen nicht ganz einfachen Zeit erlebt.

Heute habe ich leider eine Hunde-, Katzen- und »sonst was«-Haar-Allergie, sonst hätten wir wahrscheinlich einen Hund. Aber wir haben eine Schildkröte – zugegebenermaßen hält sich die von außen erkennbare Wiedersehensfreude einer Schildkröte eher in Grenzen, um es einmal vorsichtig auszudrücken, aber dennoch hat auch eine Schildkröte ihre speziellen Momente, und es entsteht ein behutsame Nähe zwischen Mensch und Tier, wenn man sich darauf einlässt. Das Schöne bei Tieren, wenn man sich Zeit für sie nimmt, ist, dass sie reagieren und einen in ihren Bann ziehen. Man vergisst alles andere um sich herum und widmet sich ausschließlich dem tierischen Gegenüber: das entspannt, entkrampft das grübelnde Hirn und macht auch ein bisschen selig.

Ski fahren

Im Winter mit der ganzen Familie für mindestens eine Woche in den Skiurlaub zu fahren, das ist für uns alle immer wieder eine wunderschöne Perspektive. Im Skiurlaub sind wir praktisch den ganzen Tag im Freien und atmen die gute Bergluft. Wer Skifahren als Lebenskunst begreift und nicht einfach nur möglichst oft den Berg rauf- und runterhetzen möchten, erfährt die »Begegnung mit der Bergwelt« als ein heilsames und zutiefst glücklich machendes, ganzheitliches Erlebnis. Ganzheitlich deshalb, weil wir mit allen Sinnen beansprucht und verwöhnt werden. Der Körper, die Muskeln, die Gelenke werden gefordert, man spürt auf einmal Muskelpartien, von denen man schon fast vergessen hatte, dass sie da sind. Die Nase und der Mund atmen die gute Bergluft tief ein und wieder aus – es tut gut, endlich mal wieder tief und gründlich durchzuatmen. Die Haut spürt die Kälte, den Wind, die Sonne, sie beginnt zu prickeln, ich spüre mich.

Der Mund, die Zunge schmeckt diese wunderbar würzige Luft und fängt hier und da vielleicht sogar eine Schneeflocke auf. Wir hören den Wind, das Rauschen der Bäume, das Knirschen des Schnees. Wir vernehmen aber auch die Stille an einem einsamen Ort, und die gibt es immer wieder; man muss sie sich nur suchen und versuchen »antizyklisch« zu fahren, sprich dann zu fahren, wenn die anderen Mittagspause machen. Dann gibt es sie, diese kostbaren Momente, in denen alles stimmt und bei denen dann auch die Augen verwöhnt werden und sich nicht satt sehen können an den Wundern der Berge. Das sind Momente des Glücks: ein wenig atemlos, an einem klaren Sonnentag, auf einem Berggipfel zu stehen, den leichten Wind zu spüren und zu schmecken und in die Stille der Natur zu lauschen. Ähnlich wie beim Tauchen sind das für mich spirituelle Zeiten, gottesdienstliche Minuten, in denen ich Seine Gegenwart auf besondere Weise spüre und gar nicht anders kann, als »Danke« zu sagen: Danke für meine Gesundheit, danke für diese wunderbare Welt, danke für die Menschen, die mich begleiten, und danke, dass ich das alles erleben darf. Und natürlich das Skifahren selbst, dieses kraftvoll, leichte Messen mit den Höhen und Tiefen. Ich liebe es, mit vollem Schwung und mit *Speed*, mich den Berg »hinunterzuwerfen«, die Schwünge kräftig und möglichst stilvoll auszufahren. Da spüre ich mich, da bekommt mein Körper eine neue Spannung und ich bin voll konzentriert auf das Geschehen. Ski fahren ist ein bisschen wie fliegen, und wenn man nicht aufpasst, dann fliegt man »auf die Nase«. Diese Sportart fordert die ganze Aufmerksamkeit, die komplette Anspannung von Leib, Seele und Geist, und deswegen ist der »Après-Ski« auch so schön. Die Zeit, nachdem man sich den ganzen Tag verausgabt hat, an der frischen Luft war und die Natur genossen hat, ist eine sehr schöne und selige Zeit. Ich gehe am liebsten erst einmal in die Sauna und lasse im wohltuend heißen Whirlpool die Kälte aus dem Körper weichen. Der ganze Körper kribbelt, und wenn es dann noch möglich ist, ein paar Runden zu schwimmen, dann ist der Abschluss perfekt und man lässt den vollen Tag ausschwingen bei einem guten Essen und einem guten Glas Wein.

Schlafen

Schlafen ist etwas Wunderbares und leider bin ich ein Mensch, der oft nicht so gut schläft. Deswegen mag ich für so manchen Hotelbesitzer ein nicht so ganz einfacher Gast sein. Oft passiert es, dass ich noch einmal (wenn es möglich ist) das Zimmer wechsle, weil mir das angebotene zu laut oder zu verraucht ist oder zu nah am Aufzug liegt. Wie ein Hund, der sich oft Minuten lang im Kreis dreht, bis er seinen Schlafplatz gefunden hat, so brauche ich meistens ein bisschen, bis ich meinen Platz zum Schlafen gefunden habe. Oftmals wache ich dann mitten in der Nacht auf und kann erst einmal nicht mehr einschlafen, weil mich irgendetwas zu viel beschäftigt und wach hält. Und hat die Denkmaschine erst einmal begonnen, dann hört sie so schnell auch nicht mehr auf, und ich wälze und drehe mich oft stundenlang (sehr zum Leidwesen meiner Frau), bis ich wieder in den Schlaf finde. In den Morgenstunden, kurz bevor der Wecker sich meldet, falle ich in einen Tiefschlaf, aus dem ich dann umso missgelaunter eine halbe Stunde später gerissen werde. Warum erzähle ich das zum Thema Seligkeit? Nun, ich erzähle es, um begreifbar zu machen, welch ein Geschenk es für mich ist, wenn ich einmal wirklich ohne Unterbrechung durch- und ausschlafen konnte – da bin ich buchstäblich ein anderer Mensch. Wirklich tiefer und erholsamer Schlaf – das ist etwas Herrliches, und ich strecke und sehne mich danach, wenn ich mich nachts zu Bett lege. Wie genussvoll ist es, wenn man richtig müde ist, alles andere sein zu lassen und alle

Glieder von sich zu strecken und einfach zu schlafen, tief und fest. Und wie wichtig ist diese Zeit, in der wir alles andere sein lassen und uns mit einem Nachtgebet der Fürsorge Gottes anvertrauen. Wie wichtig sind die Träume, die dann kommen und mit deren Hilfe wir die Dinge des Tages, die Erlebnisse, die Ärgernisse, aber auch die überraschenden Begegnungen verarbeiten können. Immer wieder erzählt uns die Bibel davon, wie Gott zu uns Menschen durch die Träume spricht. Das möchte ich ernst nehmen, und so erzählen wir uns gegenseitig unsere Träume, wenn wir sie denn einmal behalten konnten, und so rätseln wir und suchen auch nach Spuren Gottes in unseren Träumen. Wir tun gut daran, unsere Träume zu beachten, denn sie haben unsere Seligkeit im Blick:

Der Traum

Aus weit entfernten Räumen,
mal bunt, mal grell, mal sacht,
sprichst du zu uns in Träumen,
begleitest unsre Nacht.
Die Bilder alter Tage,
Begegnungen, Gesichter,
verschmelzen ohne Frage
zu seltsamen Geschichten.

Wir wandeln durch ein Nebelland
ohne Ziel und Sinn,
jemand nimmt uns an die Hand,
führt uns, wer weiß, wohin.
Schweißgebadet schrecken
wir auf und denken nur,
wir würden gern entdecken
im Nebel unsre Spur.

Es lohnt sich festzuhalten
die Bilder einer Nacht.
Geschichten und Gestalten,
die uns Angst gemacht,
sind Boten, überbringen
mitunter den Hinweis,
warum in manchen Dingen
das Leben uns entgleist.

Aus weit entfernten Räumen
kommst du in unsre Nacht
und segnest unser Träumen,
hältst über uns die Wacht.
Hilf, dass, was zu uns dringt
aus deiner Wirklichkeit,
uns stärkt und weiterbringt
und Stück für Stück befreit.

Auto fahren

Als reisender Musiker fahre ich jedes Jahr etwa 40 000 Kilometer quer durch unser schönes Land. Ich fahre gerne und genieße es nach wie vor, Auto zu fahren. Da ich jedoch so oft im Auto sitze, wie andere Menschen vielleicht in ihrem Wohnzimmer sitzen, fahre ich einen schönen, sicheren und komfortablen Pkw. Es macht Spaß, mit diesem Gefährt unterwegs zu sein. Längst haben Errungenschaften wie Navigationssysteme, CD- und Multimediaplayer das Unterwegssein im Auto revolutioniert. Vorbei sind die Zeiten, in denen der Beifahrer mit konzentrierter Miene die Landkarte oder den Atlas studieren musste.

Man gerät eindeutig weniger in Streit beim Autofahren, ganz einfach, weil der Beifahrer oder die Beifahrerin nicht mehr für die Route zuständig ist. Heutzutage steigt man ganz entspannt ins Auto, tippt die Postleitzahl des gewünschten Ortes und die Straße ein, drückt auf START, und schon kann es losgehen. Die Zeiten, in denen die Veranstalter komplizierte Wegbeschreibungen schicken mussten und wo ich wütend auf einen Veranstalter am Veranstaltungsort ankam, weil dessen Wegbeschreibung so »idiotisch« war, sind vorbei. Und am Ende einer Tour, wenn es wieder nach Hause geht, dann wähle ich im Zielspeicher einfach: HEIM!, und schon bringt mich das »Navi« auf den Weg in den heimatlichen Hafen. Durch die Stauumfahrungen und andere Features ist das Reisen mit dem Auto in den letzten Jahren, trotz erhöhten Verkehrsaufkommens, wesentlich komfortabler geworden. Das Navigationssystem in meinem Auto ist kombiniert mit einem DVD-Player, der allerdings nur dann funktioniert, wenn das Auto Schritttempo fährt oder steht. Als wir den Wagen neu gekauft hatten, habe ich immer einen Film von »Dick und Doof« eingelegt, und die Kinder haben sich einen Stau fast schon herbeigesehnt, um endlich den Film weitersehen zu dürfen.

Bei längeren Fahrten sind seit etlichen Jahren auch Hörbücher dabei, die die Zeit wirklich wie im Flug vergehen lassen. Einmal hatten wir auf dem Rückweg von Hamburg nach Rimbach (fünf Stunden Fahrt) ein besonders spannendes Hörbuch eingelegt, und als wir in Rimbach ankamen, meinte einer der Mitfahrenden: »Komm, wir fahren noch ein bisschen weiter, es ist gerade so spannend.« So etwas wäre »früher« undenkbar gewesen. Auch die langen Reisen mit Kindern sind durch gute Hörbücher völlig unproblematisch geworden. Manchmal fragen unsere Kinder: »Wann machen wir denn mal wieder endlich eine richtig lange Autofahrt?« Denn das Auto ist der einzige Ort, wo wir alle gemeinsam lauschen, wie uns jemand eine Geschichte vorliest. Aber auch das Autofahren selbst empfinde ich als sehr anregend und entspannend, wenn nicht zu viel Verkehr auf der Autobahn ist und man gewissermaßen so dahingleitet und dabei seinen Gedanken nachhängen kann. Ich empfinde es als eine Wohltat, wenn wir übers Land fahren und schöne Landschaften, Hügel, Felder, Wiesen und Wälder an uns vorbeiziehen, während wir, begleitet von schöner Musik, dahinschweben. In solchen Momenten bin ich dankbar und bete. Ich bete im Grunde sehr oft im Auto, denn da habe ich Zeit: »Lieber Gott, hab Dank, dass wir unterwegs sein dürfen, hab Dank für alle Bewahrung auf der Fahrt, hab Dank für dieses gute Auto. Amen!«

Sex

Natürlich zählt guter Sex zu den schönsten und seligsten Erlebnissen, die wir Menschen haben können. Wenn zwei Menschen frisch verliebt sind und gewissermaßen ständig »übereinander herfallen« möchten und die eine vom anderen gar nicht mehr lassen kann, dann befinden sie sich in einer Hochphase, was ja auch in dem Wort »Hochzeit« zum Ausdruck kommt. Nun wäre es weltfremd anzunehmen, dass Menschen, die heutzutage miteinander Sex haben, dies tatsächlich erst tun, wenn sie verheiratet sind. Das war schon früher oft nicht so und ist für die meisten Menschen heute ein völlig abwegiger Gedanke. Und doch gibt es gute Gründe, nicht allzu schnell und gleich mit der oder dem Erstbesten »in die Kiste« zu springen, denn etwas gehört zu gutem Sex, der uns im tiefsten Sinn erfüllt und glücklich macht, unbedingt dazu: Vertrauen und Vertrautheit. Beim Sex lasse ich einen Menschen körperlich so nah an mich heran, wie ich sonst keinen anderen Menschen an mich lasse. Zum Zeitpunkt des Orgasmus liefere ich mich willentlich und lustvoll einem anderen Menschen komplett, ohnmächtig aus und lasse mich fallen. Dass es dabei nicht nur um den »Austausch von Körpersäften« geht und Sex nicht nur eine »erweiterte, besonders lustvolle Form der Kommunikation« darstellt, merken wir spätestens danach, wenn der Rausch verflogen ist und man selbst oder auch der andere ernüchtert den Realitäten des Alltäglichen ins Auge blickt. Wir können unsere Seele nicht abspalten, vor allem dann nicht, wenn wir einander ganz dicht begegnen und, wie die Bibel so schön sagt, »ein Fleisch werden«. Ich habe diese Frage immer wieder auch mit Freunden diskutiert, die mir gesagt haben: »Das siehst du zu eng, man kann auch einfach nur Spaß miteinander haben, auch wenn man sich noch nicht so lange kennt. Wenn zwei sich zum ersten Mal treffen und merken, dass sie Lust aufeinander haben, und es für beide okay ist, dann ist das doch eine wunderbare Sache, auch wenn sie sich danach nie wieder sehen.« Das glaube ich nicht, und eine »Langzeitstudie« solcher Lebens- und Liebeseinstellungen gibt mir recht.

Wie schön ist es und welch ein Geschenk ist es, 25 Jahre mit derselben wunderbaren Frau verheiratet zu sein und zu spüren, wie vertraut die Körper sich aneinander schmiegen und einfach zusammengehören. Guter Sex braucht Intimsphäre, einen Raum und Rahmen, der nur diesen beiden Liebenden gehört. Sex, der zutiefst glücklich macht, braucht Zeit und den richtigen Augenblick. Natürlich gibt es auch in einer langjährigen Ehe immer wieder Momente, in denen man völlig ungeplant und spontan »übereinander herfällt«, und auch das ist heftig und sehr schön. Aber am schönsten ist es doch, wenn wir richtig Zeit haben, uns aufeinander einzustimmen, den ganzen Tag schon kleine liebevolle Signale senden und dann irgendwann lustvoll und ausgiebig die Nähe und den vertrauten Körper des anderen genießen und ganz nah an uns heranlassen.

Und natürlich ist die Erotik auch eine sehr

schöne, nonverbale und besonders liebevolle Form der Kommunikation. Mitunter fehlen uns die Worte, mitunter müssen wir einander auch ganz einfach mal spüren, ohne große Worte. Und wie schön kann es sein, wenn nach einem heftigen Streit die Versöhnung ihren Höhepunkt darin findet, dass zwei Körper gewissermaßen miteinander verschmelzen. Auch die Bibel kennt die Schönheit, ja die Heiligkeit der Erotik und beschreibt sie im Hohenlied: »Wie schön ist dein Gang in den Schuhen, du Fürstentochter! Die Rundung deiner Hüfte ist wie ein Halsgeschmeide, das des Meisters Hand gemacht hat. Dein Schoß ist wie ein runder Becher, dem nimmer Getränk mangelt. Dein Leib ist wie ein Weizenhaufen, umsteckt mit Lilien, deine beiden Brüste sind wie junge Zwillinge von Gazellen, dein Hals ist wie ein Turm von Elfenbein … wie schön und wie lieblich bist du, du Liebe voller Wonne!« (Hohelied 7,2-5a,7)

Ich möchte mich inspirieren lassen von der Seligkeit, die in diesen Versen steckt, und es wieder neu lernen, auch für die Erotik, eine Sprache zu finden.

Sauna

An einem kalten, verregneten Herbst- oder Winterabend, nachdem man den ganzen Tag bis auf die Knochen gefroren hat, die Sauna »anzuwerfen«, ist schon in der Vorstellung etwas äußerst Beglückendes. Wir haben das Glück, in unserem Haus ein kleine eigene Sauna zu besitzen, die wir regelmäßig und mit großer Freude benutzen. Denn das ist doch das Schönste, wenn man, nachdem man schon den ganzen Tag draußen unterwegs war, sich zu Hause einigeln und sich gewissermaßen innerhalb der eigenen vier Wände eine kleine Wellnessoase schaffen kann. Zu dieser Oase gehört auch, dass wir im Wohnzimmer schonmal den dänischen Bollerofen anwerfen und dass nach der ersten Abkühlungsphase ein gemütlich knackendes Feuer auf einen wartet. Auf den insgesamt 8- bis 15-Minuten-Aufenthalt in der Saunakabine folgt zunächst eine kurze Abkühlphase an der frischen Luft, bei der die Lunge besonders gut Sauerstoff aufnehmen kann und die Atemwege rascher wieder abkühlen; dieses Luftbad sollte *vor* dem Kaltduschen genommen werden. Besonders schön ist es, wenn draußen Schnee liegt und man sich durch den Saunagang »hochgeheizt« im weißen, kühlen Samt wälzen kann. Da prickelt jede Pore am ganzen Körper, und selbst die Kaltdusche danach kommt einem eher warm vor.

In der Sauna kann man sich richtig gut entspannen, denn durch die Hitze ist man sehr auf sich selbst konzentriert. Ich gehöre nicht zu den Leuten, die sich in der Sauna unbedingt unterhalten müssen, vor allem nicht in einer kleinen Sauna. Ich bin dann so auf mich konzentriert, auf die Hitze und das Schwitzen, dass auch meine Gedanken »gereinigt« werden und das Tagesgeschäft aus meinem Kopf fliegt. Der Wechsel zwischen Kalt und Heiß bringt mich einfach auf eine neue Spur. Und wenn wir dann nach mehreren Saunagängen vor dem Kaminfeuer sitzen und ein gutes Glas Rotwein in der Hand halten, dann kommt es oft zu guten Gesprächen, neuen Gedanken, und eine tiefe Dankbarkeit stellt sich ein.

In den skandinavischen Ländern hat die Sauna eine enorme Bedeutung bei der Pflege sozialer Kontakte; unter Geschäftsleuten ist es üblich, sich in der Sauna zu treffen und dort geschäftliche Entscheidungen zu fällen. Und auch ich treffe mich manchmal mit einem guten Freund, um in die Sauna zu gehen. Wir wählen dann eine möglichst große Sauna, mit einem Schwimmbecken dabei, und finden dort, vor allem in den Ruhephasen, ausführlich Zeit zum Reden – das ist immer sehr schön, und man fühlt sich richtig wohl dabei. Es ist mittlerweile schon ein gute Tradition, dass ich mich mit einem Freund, meistens zu Jahresbeginn bei uns zu Hause treffe, wir gehen in die Sauna, stellen uns gegenseitig musikalische und textliche Neuerkenntnisse vor, reden, resümieren das vergangene Jahr, lachen sehr viel und fassen das neue Jahr ins Auge. Eine kleine Käseplatte und ein guter Rotwein runden solch einen Abend, der dann im Nu verfliegt, wohltuend ab.

Beten

Wer betet, holt sich Verstärkung ins Boot. Ich bete gerne und ich bete sehr oft. Immer wieder stelle ich fest, dass ich meinen Alltag betend begleite. Gerade bei langen Autofahrten kann ich wunderbar beten. Beten heißt ja: mit Gott reden, ihm das sagen, was mir auf dem Herzen liegt. Das können Probleme und Fragen sein, dass ist aber sehr oft auch ein »Dankeschön«. Indem ich mir bewusst mache, wofür ich dankbar sein kann und darf, und diese Dankbarkeit auch an Gott richte, werde ich froh und beginne manchmal zu singen und Gott zu loben. Natürlich gibt es auch Tage, da bete ich gar nicht, da vergesse ich zu beten, da habe ich den Kopf so voll mit anderen

Dingen, dass ich gar nicht auf die Idee komme, mit Gott zu sprechen. Manchmal beschäftigt mich ein Problem bis tief in die Nacht und ich wälze mich hin und her und komme einfach nicht zur Ruhe. Ich staune dann über mich selbst, wie lange es dauert, bis ich auf die Idee komme, mich meinem Herrn zuzuwenden und ihm meine Last anzuvertrauen und ihn darum zu bitten, dass ich endlich schlafen kann. »Beten kann Berge bewegen«, heißt ein Lied, das ich vor vielen Jahren geschrieben habe, und in der Tat es stimmt – zwar bewegen sich die Berge nicht unbedingt, aber ich bewege mich durch das Beten. Ich bekomme eine andere Perspektive und spüre, ich bin auch angesichts dieses hohen Berges nicht alleine.

Manchmal beneide ich unsere muslimischen Freunde ein bisschen, die mit ihren fünf Gebetszeiten am Tag einen festen Ritus für das Beten haben. Es hat sicher sein Gutes, denn oft vergessen wir diese Hinwendung zu Gott ganz einfach, obwohl sie uns guttun würde. Ein solcher Ritus wäre mir aber auch zu starr und ich merke, dass ich es lernen kann, einen ganzen Tag betend zu begleiten – das ist für mich am schönsten. Die »Perlen des Glaubens« geben uns dabei ein sehr schönes Gebet an die Hand, das ich auch als Lied zur Gottesperle vertont haben: »Du bist ewig, du bist nahe, du bist Licht und ich bin dein.« Mehr braucht es eigentlich nicht, damit ist alles gesagt. Ähnlich wie das Herzensgebet in der orthodoxen Kirche könnte dieses kleine Gebet mein ständiges Gebet auf allen Wegen sein. Ähnlich verhält es sich mit dem Psalm 23 und dem Vers: »Und ob ich schon wanderte im finsteren Tal, fürchte ich kein Unglück, denn du bist bei mir.« Viele Menschen können diesen Vers auswendig und haben ihn so verinnerlicht, dass sie auch in schweren Krisenzeiten darauf zurückgreifen können. Zutiefst glücklich sind wir ja nur, wenn wir von einem »Grundglück« getragen sind, das auch in die Krisen unserer Existenz hineinstrahlen kann. Davon erzählt der Psalm 23. Er beschreibt zunächst Gott mit den vertrauten Bildern eine Kindes: *»Der Herr ist mein Hirte, mir wird nichts mangeln … er sorgt für mich!«* Daraus spricht das Urvertrauen eines Kindes, das an den »lieben Gott« glaubt und darauf vertraut, dass »der gute Hirte« sein Leben schützend begleitet. Es ist aber auch ein gelerntes Gottesbild, das mir andere beigebracht haben. Ich beschreibe Gott, so wie ich ihn mir vorstelle oder so wie wir gerne an einem Abend über Gott diskutieren. Wir reden dann über ihn in der dritten Person: »Gott ist für mich der Ferne«, sagt der eine; »Gott ist für mich ein Begriff für etwas, was ich nicht fassen kann«, sagt die andere; »Gott ist für mich wie ein guter

Hirte, ein Freund, der mich begleitet.« Wie Gott ist, darüber lässt sich trefflich diskutieren, existentiell und auf die Probe gestellt wird dieses Gottesbild jedoch erst in einer Krise, und genau dahin führt dieser Psalm den Betrachter: *»Und ob ich schon wanderte im finsteren Tal, fürchte ich kein Unglück …«* Und nun ändert sich die Perspektive, denn der Autor wechselt von der dritten in die zweite Person und betet: *»… fürchte ich kein Unglück, denn du bist bei mir.«* Indem er es wagt, den Gott seiner Kindheit mitten in der Krise persönlich anzusprechen, wird aus dem Betrachter ein Beter, dessen Gottesbild sich durch das Gebet radikal verändert. Er erfährt Gott als einen starken Freund, der ihn stärkt im Anblick der Feinde, der ihn krönt zu einem Gotteskind und der ihm vor allem eines schenkt: Gelassenheit. *»Gutes und Barmherzigkeit werden mir folgen mein Leben lang und ich werde bleiben im Hause des Herrn immerdar.«*

Tauchen

Vor einigen Jahren habe ich begonnen zu tauchen. Mit Taucherbrille und Schnorchel an der Oberfläche zu plantschen fand ich ja ganz nett, aber ich wollte mehr. Ich wollte schauen, wie es da unten in 10 oder 20 Meter Tiefe aussieht. Ich wollte sie sehen, die wunderbaren Korallen, die bunten Fischschwärme und die dicken Kofferfische auf dem Meeresgrund. Eine Freundin lud mich ein, einen Schnuppertauchkurs zu machen: Eng verbunden mit einem erfahrenen Tauchlehrer, ausgestattet mit Taucheranzug, Flossen, Maske, Flaschen und Atemgerät verließ ich erstmals die Wasseroberfläche und durfte in die wunderbar stille Unterwasserwelt eintauchen. Maximal sechs Meter tief, für maximal eine halbe Stunde darf man bei solch einem Schnuppertauchgang tauchen. Was ich dort sah und erlebte, hat mich so sehr begeistert, dass ich sofort begann meinen »open water padi – Tauchschein« zu machen, der mich fortan befähigen sollte, bis in 25 Meter Tiefe hinabzutauchen.

Glück im tiefsten Sinne – Seligkeit in unserem Alltag kann man nicht immer so nebenbei »abpflücken«, sondern ist mitunter das Ergebnis eines längeren und auch anstrengenden Weges. Denn die Tauchausbildung, das Tauchtraining, das ich nun absolvieren musste, um schließlich die entsprechende Prüfung machen zu können, war zunächst einmal ein »Antipaniktraining«: Befindet man sich einmal in 15 Meter Tiefe, kann und darf man nicht einfach sofort wieder nach oben aufsteigen, wenn man aus irgendeinem Grund in Panik gerät oder plötzlich Angst hat. Ein Tauchlehrer sagte zu mir: »Es gibt nichts, was wir nicht auch in 15 Meter Tiefe machen und erledigen können, solange wir nicht den Taucheranzug ausziehen müssen.« Wie verhalte ich mich, wenn mir die Taucherbrille wegfliegt? Wie verhalte ich mich, wenn ich zu viel Wasser in meiner Taucherbrille habe? Was tue ich, wenn ich plötzlich merke, dass meine Gasflasche leer ist oder ich keine Luft mehr bekomme? Und, und, und – wichtig ist bei allen Problemen, die unter Wasser entstehen können, dass ich die Ruhe bewahre und nicht panisch reagiere. Ich muss lernen, dass die Taucher eine Gemeinschaft bilden und dass auch ich eine Verantwortung für die anderen habe. Auch wenn jemand aus der Gruppe panisch wird, muss ich lernen, ihn zu beruhigen. Denn wenn jemand plötzlich in 15 Meter Tiefe um sich schlägt, aus Angst die Luft anhält und nur noch so schnell wie möglich nach oben will, kann das für die Mittauchenden tödlich enden.

Was hat das nun mit »Seligkeit« zu tun? Um mit einem biblischen Bild zu sprechen: Wer ins Land Kanaan, in das Land seiner Träume, gelangen will, muss erst einmal durch die Wüste. Aber wenn man dann die Wüste durchschritten und durchlitten hat, ist das Glück umso größer.

Da ich von Natur aus ein ängstlicher Mensch

bin, war der Weg zum »open water padi« für mich steinig und schwer. Ich hatte nachts Albträume, träumte mich in 20 Meter Tiefe eingequetscht unter Felsbrocken, wachte schreiend und schweißgebadet auf und wollte die Ausbildung zweimal abbrechen. Bis ich jemanden fand, den Chef der Tauchschule, der meine Ängste ernst nahm und mich begleitete, auch bei meinem ersten Tauchgang in die Tiefe von 25 Metern. Das Glück, die Seligkeit, die ich empfunden habe, als ich merkte: Hey, das ist ja *der* Tauchgang, der Abschluss meiner kleinen Ausbildung – dieses Glück lässt sich schwer beschreiben. Ich habe meine Angst überwunden!

Wenn ich heute beispielsweise im Roten Meer die Gelegenheit habe, zu tauchen, so ist das für mich wie ein wunderschöner Gottesdienst. Ich kenne keinen bunteren und mit Leben erfüllten Anblick als den einer großen, gesunden Korallenwand. Ehrfürchtig knie ich auf dem Grund des Meeres und danke dem Schöpfer für diesen wundervollen Augenblick, voller Stille und schwebender Erhabenheit: »Schöpfer des Universums, der Menschen, Tiere und Meere. Ich danke dir für diesen Moment, für deine spürbare Gegenwart, für die Wunder deiner Schöpfung. Lehre mich, im Aufsteigen ein neuer Mensch zu werden. Amen.«

Reiten

»Auf dem Rücken unserer Pferde liegt das Glück dieser Erde!«, heißt ein Wahlspruch passionierter Reiter. Ich bin kein eingefleischter Reiter, aber ich liebe Pferde, und es gab eine Phase in meinem Leben, da waren Pferde mein Ein und Alles. Ich war etwa zwölf Jahre alt, hatte einmal die Woche Reitunterricht und war begeistert von diesen wundervollen, intelligenten und schönen Tieren. Mit anderen in einer Gruppe auszureiten und im gestreckten Galopp meine Haltung dem kraftvollen Rhythmus des Pferdes unter mir so anzupassen, dass wir wie eine Einheit dahinflogen, das war für mich eine Zeit lang das allergrößte – da konnte ich alles um mich herum vergessen und war glücklich.

Diese Begeisterung hielt ziemlich lange an, wie auch der Wunsch nach einem eigenen Pferd. Nach dem Motto: »Ich spare auf ein Auto, das Lenkrad habe ich schon …« sammelte ich Utensilien wie Halfter oder Striegelbürste, verzierte die Wände meines Zimmers mit Pferdepostern und hatte eine Pferde- und Reiter-Zeitschrift abonniert. Auch in Gedanken in die Welt der Pferde einzutauchen bedeutete für mich Glück, das sich auf dem Rücken eines Pferdes letztlich zur Seligkeit steigerte.

Meine Eltern hatten für jedes von uns Kindern ein Sparbuch angelegt, und auf meinem Sparbuch befand sich eine stolze Summe von über 2000,– DM. Dieser Betrag konnte mit dem 18. Geburtstag von mir frei verwendet werden, und ich stand lange in dem Zwiespalt, ob ich mir nun ein Auto oder ein Pferd zulegen sollte. Na ja, der Pragmatismus und meine abklingende Pferdebegeisterung gaben schließlich dem Auto, einem hellblauen R4, den Zuschlag. Aber noch heute ist es so, dass ein schönes Pferd mein Herz höher schlagen lässt, und ab und zu gehe ich auch noch einmal Reiten und genieße das Gefühl, dass mich als Jugendlicher so umfassend beglückt hat. »Lieber Gott, ich danke dir für die Pferde, für ihre Schönheit, ihre Intelligenz und ihre Freundschaft zu uns Menschen. Danke, dass ich darauf vertrauen darf, dass du mich trägst, so wie ich mich mitunter getragen fühle auf dem Rücken eines Pferdes. Amen.«

Ein guter Gottesdienst

Ein guter Gottesdienst ist eine Zeit, in der ich die Gegenwart Gottes spüre, in der wir gemeinsam Singen, Beten, auf Gottes Wort hören, miteinander essen und trinken und einander begegnen. Es macht mich zutiefst glücklich, wenn ich spüren und erleben darf: Gott ist da und er segnet und begleitet uns. Vor einigen Jahren haben wir begonnen in unserem Dekanat so genannte »Sternstunden«-Gottesdienste durchzuführen. Das sind Gottesdienste, die etwa eineinhalb Stunden dauern, unter einem besonderen Thema, wie beispielsweise »Reif für die Insel«, »Ruf doch mal an« oder »Wenn ich traurig bin«, stehen und dadurch von vorneherein neugierig machen. Der Gottesdienst findet in der Regel einmal im Monat statt und wird von verschiedenen Teams sorgfältig vorbereitet. In diesem Gottesdienst spielen die modernen geistlichen Lieder, aber auch Songs aus der ganz normalen Popmusik eine wichtige Rolle. Es sind vor allem eher kirchlich distanzierte Menschen, die sich gerne zu solch einem Gottesdienst einladen lassen. Schon vor Beginn der »Sternstunde« wird die Gemeinde durch eine Eingangsaktion auf das Thema eingestimmt. Neulich hatten wir das Thema »Da kommt was auf uns zu«. Da wurden unseren Gästen am Eingang die Augen verbunden und sie wurden durch eine Art Blindenerlebnisgang in die Kirche geführt. Dabei kamen verschiedene Dinge auf sie zu, sie liefen über Styroporplatten, wurden mit Wasser fein bestäubt und durchschritten einen Perlenvorhang – dies alles gänzlich unerwartet, denn die Augen waren ja verbunden. So eingestimmt auf das Thema »Da kommt was auf uns zu«, war die Gemeinde richtig gespannt auf die Art und Weise, wie sich das Thema im Laufe des Gottesdienstes entfalten würde.

Die Kirche ist wunderschön mit Tüchern und Kerzen dekoriert und mit dezent platzierten Scheinwerfern illuminiert. Weitere Elemente sind Gebet, eine säkulare Lesung (ein guter, kurzer literarischer Text zum Thema), eine biblische Lesung und ein kurzes Anspiel. Die Liedtexte werden mithilfe einer Powerpoint-Präsentation und mit ästhetischen Landschaftsbildern eingeblendet, sodass die Gemeinde entspannt die ganze Zeit gut mitsingen kann. Eine kurze, möglichst frei gehaltene Predigt zum Thema eröffnet dann den sogenannten Aktionsraum. Hier nehmen wir uns nun etwa 15 Minuten Zeit, um durch die Kirche zu wandeln und an verschiedenen Stationen eine Fürbitte in die »Klagemauer« zu stecken, eine Kerze anzuzünden, eine Postkarte zu schreiben oder sich persönlich segnen zu lassen. Der ganze Gottesdienst wird musikalisch begleitet und gestaltet von einem professionellen Keyboarder oder einer Keyboarderin und Sänger bzw. Sängerin, der/die sowohl in der säkularen wie auch in der christlichen Popmusik zu Hause ist. Jene Fürbitten, die in die Klagemauer gesteckt wurden, werden nun als Fürbitten vorgelesen und gebetet, das Vaterunser und der Segen runden schließlich, wie bei jedem Gottesdienst, auch die »Sternstunden« ab. Anschließend ist die Gemeinde zu einer »After Church Party« eingeladen, kleine Häppchen, Saft, Mineralwasser, Bier und Wein werden in der Kirche gereicht, und viele, viele bleiben, um sich noch zu unterhalten und auch so die Gemeinschaft zu pflegen. Der Kirchraum wird so ganz neu auch als Ort der unverkrampften Begegnung von Mensch zu Menschen erlebt. Alles in allem sind wir bei diesem besonderen Abendgottesdienst etwa drei Stunden zusammen, und keine Minute ist langweilig. Für mich gehört auch die »After Church Party« mit zum Gottesdienst, und wir erleben die Gegenwart des Heiligen Geistes mit allen Sinnen, ganzheitlich, wir hören, schmecken, riechen, spüren und sehen, wie freundlich unser Gott ist.

Als vor einiger Zeit einmal sämtliche Bach-Kantaten in unserer Rimbacher Kirche mit Chor und Orchester in sechs aufeinanderfolgenden Gottesdiensten zelebriert wurden, war dies für mich ebenfalls ein wunderbar beglückendes liturgisches Erlebnis. Wuchtig, einfühlsam und überaus beeindruckend füllten die Klänge, Gesänge, Melodien und alten Texte die voll besetzte Kirche, und ich wurde heilsam erfüllt von dieser wunderbaren geistlichen Musik. Selten habe ich in einer Kirche so etwas Schönes erleben dürfen.

Im Jahr 2001 haben wir, wie bereits erwähnt, als Familie für vier Monate in Berkeley bei San Francisco gelebt. Dort haben wir viele, viele sehr unterschiedliche Arten, Gottesdienst zu feiern, kennengelernt. Eine Gemeinde, die es uns besonders angetan hat, war die Cornerstone-Gemeinde mitten in San Francisco, sie wurde schließlich für diese Zeit *unsere* Gemeinde. Das Geheimnis dieser Gemeinde war, dass sie sich komplett auf die moderne Kultur eingestellt hatte. Es gab eine hervorragende Kinderbetreuung (einschließlich Pager für die Eltern, mit dem sie zur Not kontaktiert werden konnten), eine wundervolle Band, mit einem kompakten Sound à la U2, und einen begnadeten Prediger, der immer frei predigte und dabei sehr gekonnt in die Rollen seiner biblischen Figuren schlüpfte. Die Feier wurde unterstützt durch ein hochprofessionelles Medienteam. Der Gottesdienstraum glich einem kleinen Theater mit etwa 400 Sitzplätzen in angenehmen Klappsesseln und einem technisch perfekt ausgestatteten Bühnen- und Altarraum. Vor und nach dem Gottesdienst lag angenehmer Kaffeeduft in der Luft, und es herrschte eine lockere und kommunikative Atmosphäre. Mittlerweile feiert diese Gemeinde jedes Wochenende vier Gottesdienste und erreicht damit 1600 Gemeindeglieder und Freunde der Gemeinde. Der Gottesdienst selber ist denkbar einfach aufgebaut: Musik, Begrüßung und Gebet, 25 Minuten gute christliche Popmusik (mit Worshipelementen), dann eine 25-minütige kompakte und gute Predigt, Segen, Musik und Schluss. Der Kern der Gemeinde trifft sich einmal in der Woche (mittwochs), um miteinander Abendmahl zu feiern. Unter der Woche gibt es eine Vielzahl von Angeboten (kreative Gruppen, Hauskreise, Schulungen, soziale Projekte). Dort habe ich so manchen zutiefst beglückenden Moment erleben dürfen.

Aber auch das folgende Erlebnis würde ich als Gottesdienst begreifen:

An einem heißen Tag, nach einer längeren Wanderung, komme ich an eine kleine, alte Bergkirche. Davor fließt aus einem Brunnen frisches, kühles Quellwasser. Dankbar wasche ich meine Hände und kühle meinen Nacken, lustvoll trinke ich das köstliche Nass. Ich sehne mich danach, mich hinzusetzen und an einem kühlen Plätzchen ein wenig auszuruhen. Ich drücke die Klinke der alten Kirchentür; sie ist offen – wie schön. Im Halbdunkel dieser kleinen Kirche fühle ich mich geborgen. Ich suche mir einen Platz in einer Bank am Rande und lasse meinen Blick wandern: Ich sehe einen alten kleinen Altar mit vielen kunstvollen Holzschnitzereien, ein Blumengesteck, zwei Kerzen und eine aufgeschlagene Bibel. Dahinter leuchten mir in dezentem Licht drei kunstvoll gestaltete Kirchenfenster entgegen und tauchen den Altarraum in ein rötlich, gelbes Licht. Ich komme zur Ruhe und atme entspannt durch. In mir formen sich Gedanken, ich bete innerlich, in mir klingt ein Lied, ich bin dankbar, dankbar für mein Leben, für die Menschen, die mich umgeben, und dankbar für diesen kostbaren Moment: Gott tut gut!

Gott tut gut

Gott tut gut,
macht uns Mut,
dieses Leben
anzugehen,
uns selbst besser
zu verstehen,
frohgemut –
Gott tut gut.

Gott tut gut,
meine Wut
muss ich nicht mehr
runterschlucken,
ich muss mich nun

nicht mehr ducken,
habe Mut:
Gott tut gut

Gott tut gut,
ausgeruht
lebe ich mit
allen Sinnen,
rieche, schmecke,
hör von innen,
was sich tut –
Gott tut gut.

Gott tut gut,
Kraft und Mut
werden dich auf
deinen Wegen
leiten, und
sein Friedenssegen
tut uns gut –
Gott tut gut.

Singen

In der wunderschönen althebräischen Sprache gibt es ein Wort für Seele: »näphäsch«. Und dieses Wort bedeutet auch: »Kehle«. Das sagt viel über das jüdische Menschenbild, aber auch sehr viel über das Singen aus: Wer singt, lässt seine Seele nach außen dringen und klingen. Jeder Mensch hat eine einzigartige Stimme. Wie bei einem Fingerabdruck gibt es keine zwei identischen Stimmen auf dieser Welt. Wer singt, bekennt sich zu diesem Wunder der Schöpfung und zu seiner Einzigartigkeit. Wer singt, gibt etwas von seinem Innersten preis und setzt seine Stimmbänder und die Hohlräume seines Körpers gewissermaßen wie ein Instrument ein. Dabei kann man sehr gut hören, wie dieses Instrument oder dieser Mensch gerade »gestimmt« ist. Am Klang der Stimme, an der Melodie und am Text eines Liedes kann ich alles heraushören: Freude, Trauer, Langeweile, Zorn, Wut und Einsamkeit. Wie schön ist es, wenn jemand seine Stimme zur Ehre Gottes erklingen lässt und demjenigen »Danke« sagt, der ihn geschaffen und so »beseelt« hat.

Ich singe sehr gerne, auch wenn ich kein wirklich großer Sänger bin. Für einen Liedermacher reicht es, und wenn ich mit meinen Musikern in einer großen Kirche musiziere, lausche ich manchmal dem Klang und Nachhall meiner Stimme nach. Und wenn dann noch jemand mit einer zweiten Stimme dazu einsteigt und die Stimmen gewissermaßen verschmelzen, dann bin ich ganz bei mir, dann möchte ich in diesem Moment an keinem anderen Ort der Welt sein.

»Stille, sonderbar« heißt ein Lied aus unserem Programm »Perlen des Glaubens«. Es ist ein wunderschönes Lied, mit einer sehr einfühlsamen Melodie von David Plüss, ein Werk, das die Stille besingt und sie dabei durchbricht, ohne sie jedoch zu vertreiben. Wir singen dieses Lied manchmal zu Beginn eines Konzertes und sehen und spüren, wie sich die Zuhörer dabei sammeln und wie sie zur Ruhe finden. »Stille, sonderbar, plötzlich bist du da, jeder Ton und jedes Wort birgt für dich Gefahr.« Die Melodie und diesen Text zu singen, lässt auch mich zur Ruhe kommen und in das Konzert hineinfinden. Ich finde meinen Stand, ich atme die Ruhe ein und die Hektik aus und lasse meine Stimme in die Stille und Weite der Kirche hinaus klingen – das ist sehr schön.

Es war der 20. Juni 1999 und meine Musiker und ich hatten die Ehre, den großen Abschlussgottesdienst des Deutschen Evangelischen Kirchentags im Gottlieb-Daimler-Stadion in Stuttgart musikalisch zu gestalten. Rund 70 000 Menschen hatten sich bei strahlendem Wetter eingefunden, um gemeinsam Gott zu loben, zu beten, der Predigt zu lauschen und zu singen. Außer uns gestalteten noch eine große Bläsergruppe (4000 Bläser) und der Klezmer-Weltstar Giora Feidman musikalisch diesen Gottesdienst.

Es war sehr eindrücklich, wie Giora Feidman das Stadion zum Summen brachte und dann mit seiner Klarinette dazu improvisierte. Und es hat unglaublich viel Spaß gemacht, meine Lieder mit 70 000 Menschen zu singen: »Ihr seid das Salz der Erde«, und das ganze Stadion kam in Bewegung. »Etwas Größeres als solch ein Erlebnis kann man als Sänger nicht haben«, dachte ich bei mir. An diesem Sonntag stand auch die Geburt unserer Tochter unmittelbar bevor, und ich eilte direkt nach diesem wundervollen Abschlussgottesdienst nach Hause. Um 15 Uhr kam ich an, um 16 Uhr waren wir auf dem Weg ins Krankenhaus und um 19.42 Uhr wurde unsere Tochter Enya gesund und putzmunter geboren. Ich durfte bei der Geburt dabei sein, und als ich das frisch gebadete Baby in den Armen hielt, sang ich nur für sie: »Sei behütet auf deinen Wegen …« und dachte: »Etwas Größeres gibt es nicht für einen Sänger …«

Stille

Stille, sonderbar,
plötzlich bist du da,
jeder Ton und jedes Wort
birgt für dich Gefahr.
Stille, wunderbares Gut,

Perle, goldner Traum,
der in jedem Herzen ruht,
findest selten Raum.

Stille, sonderbar,
man bemerkt dich nicht,
diese Welt ist voller Lärm,
unsre Ohren dicht.
Stille, du bist einfach da
wie ein Angebot,
das schon immer bei uns war,
und du tust so gut.

Stille, sonderbar,
kehre bei mir ein,
denn von selbst kann ich scheinbar
oft nicht stille sein.
Atme ein und atme aus,
atme Ruhe ein,
atme alle Hektik aus:
Stille, komm herein.

Gutes Essen

Ich liebe gutes Essen, einen fein gedeckten Tisch und die festliche Stimmung, die sich einstellt, wenn wir zusammensitzen, den Duft der Speisen einatmen, ein gemeinsames Gebet sprechen und dann vielleicht in verschiedenen Gängen unseren Gaumen verwöhnen. Wir haben Freunde, die das wirklich wunderbar und gerne zelebrieren, und ich freue mich jedes Mal, wenn wir bei ihnen eingeladen sind. Es beginnt immer mit einem Aperitif und kleinen Häppchen auf der Terrasse, man kommt an, tauscht sich über die momentane Befindlichkeit aus und lässt den Feierabend Einzug halten. Dann, etwa nach einer guten halben Stunde, gehen wir ins Haus und setzen uns an den reich gedeckten Tisch, der Rotwein hat schon seit zwei Stunden in der Karaffe »geatmet«, das Brot und ein leckerer Aufstrich stehen bereit, dazu Salate, Melone mit Schinken und Caprese – ich liebe Vorspeisen. Man plaudert, macht Witze, isst, trinkt und freut sich aneinander. Aus der Küche kündigt sich in feinen Duftwolken bereits der Hauptgang, beispielsweise ein feiner Lammbraten, an, doch wir haben Zeit und so kann sich so ein Essen über Stunden hinziehen – ich liebe es.

Wenn wir als Musiker zu unseren Konzerten unterwegs sind, dann gehen wir nach dem Konzert gerne noch mit den Veranstaltern des Konzertes essen. Da es jedoch meist nach 22 Uhr wird, bis wir aus einer Kirche oder einem Veranstaltungsort kommen, haben die deutschen Wirte meistens schon die Küche geschlossen. Nicht so jedoch unsere ausländischen Gastronomen, und so sind wir regelmäßig und vorzugsweise »beim Italiener« oder »beim Griechen«, manchmal steht auch ein guter »Chinese« oder ein mexikanisches Restaurant zur Auswahl. Nach 22 Uhr hat man in deutschen Gaststätten selten den Eindruck noch wirklich willkommen zu sein. Das ist beispielsweise in einem italienischen Restaurant ganz anders, da hat man den Eindruck: Je später der Abend, desto mehr blühen sie auf. Man wird freudig empfangen, es kommt Brot auf den Tisch, der Wirt hat seine Empfehlung des Tages auf eine Tafel gepinselt und möchte einen höchst persönlich beraten. Schon der Duft, der in der Luft liegt, lässt einem das Wasser im Mund zusammenlaufen. Das ist für mich wirklich entspannend, da kann ich, nach getaner Arbeit, den Abend wirklich gut ausklingen lassen. Zunächst bestelle ich mir ein schönes, kühles helles Hefeweizen – ich kenne kein Getränk, das nach zwei Stunden Konzert und Singen so guttut, wie solch ein Bier. Nebenbei wähle ich dann zunächst eine kleine Vorspeise beispielsweise Caprese (Tomaten mit Mozzarella und Basilikum) und (beim Italiener), wenn die Zutaten frisch sind, meist eine leckere Pizza. Und dazu passt natürlich dann ein gutes Glas trockener Rotwein in Verbindung mit einer Flasche Mineralwasser.

Einmal haben wir in einem kleinen Ort, in dem wir (aus logistischen Gründen) für zwei Nächte untergebracht waren, ein kleines sardinisches Lokal entdeckt. Es war schon 23 Uhr und der Wirt war gerade dabei, sein Lokal zu schließen, da traten wir ein, zu dritt, und fragten ihn, ob die Küche schon geschlossen hätte. Da leuchteten seine Augen auf und er sagte: »Solange ich da bin, hat auch meine Küche noch offen.« Er lud uns an einen Tisch in der Ecke, servierte Brot, Wein und Wasser und kochte nur für uns ein spezielles Gericht seiner Heimat. Dieser Mann war Gastwirt mit Leib und Seele, und wir verabredeten uns gleich für den nächsten Tag wieder, an dem wir bis tief in die Nacht ein kleines Fest feierten. Zum Abschluss wurden wir mit sardinischem Rotwein und einer großen sardinischen Fahne beschenkt.

Unterwegs auf Reisen

Unterwegs, auf Reisen,
belieben wir zu speisen
mit Stil und angemessen
zu trinken und zu essen.
Doch meistens wird es spät,
eh es zum Mahle geht.
Oft hören wir verdrossen:
»Die Küche ist geschlossen!«

Dort beim Pizzabäcker
scheint noch was los zu sein,
und Pizza schmeckt doch lecker
mit einem Gläschen Wein.
Auch Pasta mag ich leiden,
was soll auf meinen Teller?
Ich kann mich nicht entscheiden,
nehm erst mal Mozzarella.

Ein Glückskeks wartet immer
auf späten Neuzugang.
Der letzte Hoffnungsschimmer:
das Restaurant von Wang.
Mit Stäbchen oder Gabel,
so wie's am besten geht,
speist man hier recht passabel,
auch abends noch ganz spät.

Doch manchmal wird's noch später,
dann lockt ein fettes »M«
uns zum Boulettenbräter
vom alten Onkel Sam.

Beim Griechen im »Akropolis«
da brennt noch helles Licht,
verheißt in trister Finsternis
nun doch noch ein Gericht.
Knoblauch liegt hier in der Luft,
es riecht nach Lamm gebraten,

gepaart mit Harz- und Anisduft,
man scheint auf uns zu warten.

Unterwegs, auf Reisen,
belieben wir zu speisen
mit Stil und angemessen
zu trinken und zu essen.
Doch meistens wird es spät,
eh es zum Mahle geht.
Oft hören wir verdrossen:
»Die Küche ist geschlossen!«

Rotwein trinken

Rotwein, das ist eines meiner Hobbys: Rotwein probieren, kaufen, lagern und trinken, das mag ich. Nun gibt es auf dieser Welt so unendlich viele Rotweinsorten und Anbaugebiete, dass dies natürlich ein weites Feld ist. Aber das ist gerade das Schöne daran: Man lernt nie aus und immer wieder gibt es etwas Neues zu entdecken. Vor allem die französischen, spanischen und italienischen Weine haben es mir besonders angetan, und wenn wir eines dieser Länder bereisen, so ist dies immer auch eine kulinarische Reise, ein besonderer Ausflug für die Nase, die Zunge und den Gaumen.

Eine gute Flasche Rotwein muss, bevor man sie in die Gläser ausschenkt und genießt, erst einmal »atmen«. Dazu dekantiert man den Wein in eine Karaffe, lässt den Wein genügend Sauerstoff aufnehmen und sein Bukett entfalten. Das bedeutet, gepflegtes Weintrinken bedarf der Vorbereitung, und gemeinsam mit anderen macht es am meisten Spaß. Zwei Stunden bevor die Gäste eintreffen gehe ich in unseren Keller und wähle die beiden Flaschen aus, die an diesem Abend »dran glauben« müssen. Dabei habe ich ein paar wirklich alte Schätzchen in meinem Weintemperierschrank, und es macht mir Spaß, die Flaschen vorsichtig herauszuholen, sich daran zu erinnern, wo sie erworben wurden, und sie wieder zurückzulegen, bis man dann die richtigen Weine gefunden hat, die man an diesem Abend genießen möchte. Auch das ist wunderschön: Mit praktisch jeder dieser Flaschen verbindet sich eine Geschichte, eine Reise oder ein besonderes Erlebnis, und so geht es, wenn man sich mit Wein befasst, immer um viel mehr, als einfach nur darum, etwas zu trinken. Ich nehme also die beiden Flaschen mit nach oben, entkorke sie behutsam, fülle sie in die Weinkaraffen, die ich zuvor gründlich ausgespült habe, und lasse sie »atmen«. Nun werden die »Häppchen« zubereitet, Baguette aufgeschnitten und eine kleine Käseplatte zurechtgemacht, das Ganze noch garniert mit in Fischsud eingelegten Oliven und ein bisschen Serranoschinken. Das alles braucht Zeit und macht glücklich und zufrieden. *Es ist schön, einen Genuss zu erwarten, genüsslich vorzubereiten, sich darauf zu freuen, um dann auch irgendwann zu genießen.* Ähnlich wie gutem Sex ein langes und genussvolles Vorspiel guttut, so will Rotweintrinken wohlvorbereitet sein. In der kalten Jahreszeit wird dann noch der dänische Bollerofen angeworfen, und wenn dann alles fertig ist, gute Musik aufgelegt wurde, die letzten »Kruschtelecken« weggeräumt wurden und das Holz im Ofen knackt, dann können die Gäste kommen.

Beim Weintrinken selbst bin ich kein allzu großer Freund von Ritualen, jedoch schenke ich zunächst mir selbst einen winzigen Schluck zum Vorkosten ein und bediene dann meine Gäste, wobei das große Rotweinglas (ich liebe große Rotweingläser) nur zu einem Drittel gefüllt wird, damit das Bukett sich voll entfalten kann. Dann halte ich mein Glas in die Höhe und begutachte und bestaune das wunderschöne Dunkelrot des Weins, anschließend schwenke ich den Wein in sanften Kreisbewegungen im Glas und führe das Glas zur Nase. Jeder Wein riecht anders, und bereits am Geruch kann man oftmals feststellen, ob ein Wein (noch) gut ist oder aber ob er vielleicht

»korkt«, sprich so sehr nach Korken schmeckt, dass er ungenießbar ist. Leider passiert das ab und an. Bereits über Farbe und Geruch kann man sich austauschen und erfreuen über das, was einem hier an Sinnesreizen geboten wird. Wir nicken uns zu und erheben das Glas. Ganz unfein und unhöflich, aber die ersten Schlucke schlürfe ich, um dem Wein noch mehr Sauerstoff hinzuzufügen und ihn möglichst breitflächig im Gaumen zu verteilen. Im Gaumen und auf der Zunge hat der Wein seinen ganz eigenen Geschmack, aber auch im so genannten »Abgang« schmeckt und klingt der Wein nach, und es macht einen guten Wein aus, dass er eben nicht zu säuerlich oder gar bitter nachklingt, sondern das Geschmackserlebnis wohltuend abrundet. Ein gutes Glas Rotwein, so zelebriert und genossen im Kreis von lieben Menschen, lässt mitunter das Gefühl von zu tiefster Zufriedenheit aufkommen.

Der Kamin

Ein prasselndes und knackendes Holzfeuer gehört für mich in der kalten Jahreszeit unbedingt zum häuslichen Glück dazu. Als wir uns vor vielen Jahren bei einer dänischen Firma so ein wirkliches Prachtexemplar von einem Bollerofen bestellt haben, war das für mich wie Weihnachten und Geburtstag in einem. Ich konnte es kaum erwarten, bis der Ofen endlich geliefert wurde und wir uns an der wunderbaren Wärme eines Holzfeuers erfreuen konnten. Es ist einfach eine andere Wärme und es macht Spaß, ein Holzfeuer vorzubereiten, den Ofen zu reinigen, das Holz zu holen, Zeitungspapier zu zerknüllen, das Holz darauf zu schichten und es dann zu entzünden. Wie viele »Seligkeiten« braucht auch diese ihre Zeit der Vorbereitung. *Wenn wir die »Seligkeiten« unseres Alltags tatsächlich entdecken, erleben und genießen wollen, dann müssen wir uns Zeit nehmen, der Hektik das Ruder aus der Hand nehmen und uns auch innerlich auf das vorbereiten, was da an Schönem auf uns zukommt.* Und wenn dann der Ofen gut zieht und wir uns als Familie darum versammeln, dann entsteht eine heimelige, gemütliche Atmosphäre, in der unsere Kinder plötzlich wieder auf die Idee kommen, wir könnten doch mal wieder Märchen vorlesen. Oder wir knacken Nüsse und erzählen einander vom Tag oder von einem Buch, das wir gerade lesen, oder spielen ein Spiel. Ein Feuer im Kamin oder Bollerofen schafft irgendwie Heimat. Wenn wir dann, an besonders kalten Tagen, das Ganze noch koppeln mit einem Saunagang und anderen wundervollen »Seligkeiten«, dann kann sich daraus ein wunderschöner, entspannender und heiterer Abend und Tagesausklang entwickeln.

Ich liebe es, in die Flammen zu schauen und über Verschiedenes nachzudenken. Ein Gespräch am Feuer kann sehr intensiv werden, wenn wir unsere Blicke und Gedanken immer wieder von den Flammen »zentrieren« lassen. Aber auch ein Buch liest sich wunderbar angesichts der züngelnden Wärme; immer wieder schaut man auf, bedenkt das Gelesene, trinkt einen Schluck Wein und liest behaglich weiter.

Und dann gibt es die besonderen Tage, an denen ich schon früh am Morgen den Ofen anheize und für den gesamten Tag »Gemütlichkeit« ausrufe. »Gemütlichkeit« – auch so ein schönes deutsches Wort, das es in anderen Sprachen wohl so nicht gibt. »Saugemütlich« finde ich es, im Angesicht eines gut brennenden Holzofenfeuers ein Mittagsnickerchen zu machen. Das tut gut und ist eine meiner Seligkeiten.

Reisen

»Ich reise, und verdiene damit mein Geld ...« – dieser Satz könnte auch auf mich zutreffen, denn ich verdiene ja mein Geld damit, dass ich sehr viel und sehr oft unterwegs bin. Ich bin gerne auf

Reisen, sonst könnte ich auch nicht in jedem Jahr unterwegs sein zu 100 Konzerten. Aber noch mehr liebe ich es, richtig zu verreisen, mit der ganzen Familie, mit »Sack und Pack«. »Reisen bildet«, dieses Motto kann ich nur unterschreiben. Als ich im Alter von zwölf Jahren mit meinen Eltern für ein knappes Jahr in die USA »auswandern« durfte, hat das mein gesamtes Leben geprägt. Zum einen war ich damals ein begeisterter Indianerfan und es war ein Traum für mich, im Land der Indianer zu leben, und zum anderen waren meine Englischkenntnisse so gut, dass es für das Abitur gereicht hat.

Rund 30 Jahre später hatten wir als Familie die Gelegenheit so etwas in anderer Form zu wiederholen. Wenn man in unserer Landeskirche zehn Jahre lang im Pfarrdienst ist, hat man Anspruch auf eine dreimonatige Auszeit. Diese Auszeit haben wir mit vier Wochen Urlaub kombiniert, und so konnten wir, wie ich es bereits an anderen Stellen beschrieben habe, für vier Monate nach Kalifornien »auswandern«. In der sogenannten »Bay area«, rund um San Francisco, fanden wir in der Universitätsstadt Berkeley ein viktorianisches Holzhaus, das wir mieten konnten. Unsere Kinder waren eineinhalb und viereinhalb Jahre alt, und es war für uns als Familie eine superspannende Zeit, in der wir gemeinsam ein fremdes

Land für uns »eroberten«. In einer der schönsten und aufregendsten Regionen der Welt zu leben war ein wirklich wunderbares Abenteuer. Das Essen, die Sprache, das Klima, der Pazifische Ozean, die vielen Kulturen und Nationalitäten, die vielen unterschiedlichen Kirchen und Gemeinden, die Stadt San Francisco, die Golden Gate Bridge, der Golden Gate Bridge Park, die wunderbaren Redwoods und, und, und. Hier einzutauchen in den »american way of life« hat uns als Familie nachhaltig geprägt. Die Menschen in Kalifornien sind wesentlich kinderfreundlicher als die meisten Leute hier bei uns: Kinder sind etwas Tolles und nicht lästig, Schwangere oder Eltern mit kleinen Kindern werden hofiert, geehrt und besonders beachtet. Es gibt viele Möglichkeiten für Kinder, sich zu beschäftigen, jedes Museum achtet mittlerweile darauf, Aktionsmöglichkeiten und kreative Angebote für Kinder bereitzuhalten, und die meisten Lokale sind bestens für Kinder gerüstet (mit Babystuhl, Spielecke und Malutensilien). Das haben wir als junge Familie sehr genossen. Die Cornerstone Kirche in San Francisco, zu der wir regelmäßig pilgerten, war bestens auf kleine Kinder eingestellt, sodass wir ruhigen Gewissens »unsere Süßen« abgeben konnten, über einen Pager erreichbar waren und in aller Ruhe den Gottesdienst genießen konnten. Und dann war da natürlich noch das Meer. Der Pazifische Ozean ist einfach ein atemberaubendes Naturereignis. Mindestens einmal die Woche waren wir alle zusammen dort. Ein Strand hatte es uns besonders angetan, er heißt »Martins Beach« und liegt etwa 20 Meilen südlich von San Francisco. Über einen holprigen Feldweg gelangt man zu diesem besonderen Fleckchen Erde. Es ist ein weiter Sandstrand, und sein markantestes Merkmal ist ein großer Haifischflossen-ähnlicher Felsen, der aus dem Meer ragt und enorm die Fantasie anregt. Hier nun konnten wir ganze Tage verbringen und uns beleben und beflügeln lassen von diesem ganz besonderen Ort. Dieser Ort hat auch mein im gleichen Jahr erschienenes Songalbum »hellhörig« wesentlich mitbeeinflusst.

Momente an einem einsamen Strand, der Ausblick auf das schier endlose, mit dem Horizont verschmelzende Wasser, der Duft von Salz und Meeresluft – das alles hilft mir, klarer zu werden, intensiver zu hören, zu fühlen und zu sehen, wie ich und wie wir leben können.

Da uns unsere Kinder erst mit Mitte Dreißig geschenkt wurden, haben meine Frau und ich sehr viele »letzte Reisen vor den Kindern« unternommen. Wir waren in Irland, Schottland, USA, Thailand, Norwegen, Wales, auf Ibiza und auf den Kanarischen Inseln, auf Mauritius und La Réunion, und jedes Mal sind wir voller neuer Eindrücke und im Inneren reich beschenkt zurück nach Hause gekommen.

Aber auch später sind wir als Familie jedes Jahr mindestens zweimal ins Ausland gefahren oder geflogen: Spanien, Frankreich, Schweiz, Österreich, Mallorca, Korsika, Italien, Kreta, Ägypten – wann immer wir losfuhren, empfanden wir dieses aufregende Gefühl von Abenteuer, und es wurde für uns Erwachsene zunehmend spannend, uns auch von unseren Kindern leiten zu lassen.

Weite Reisen, die ich aus beruflichen Gründen nach Südafrika, Indien oder Brasilien unternehmen durfte, haben gerade deshalb meinen Horizont erweitert, weil ich eben nicht als Tourist, sondern als musikalischer Botschafter der Christoffel-Blindenmission einen intensiven Blick hinter die Kulissen des jeweiligen Landes werfen konnte. Hier waren es vor allem die überaus beeindruckenden Begegnungen mit engagierten Menschen, die sich mit Haut und Haaren und für sehr wenig Lohn einsetzen für eine bessere Welt, die mich besonders nachhaltig geprägt haben.

Auf diese Weise, in ganz unterschiedlichen Facetten, auch die weite Welt erlebt zu haben und zu erleben macht mich zutiefst glücklich.

Zeit haben

Da ich kreativ arbeite, stehe ich in der Gefahr, niemals freie Zeit zu haben, denn sobald sich ein Freiraum auftut, sprudeln die Ideen, oder es liegt irgendwo ein Manuskript oder ein Konzept, das dringend weiter bearbeitet werden möchte. Das ist einerseits sehr schön, aber andererseits manchmal fast wie ein Fluch. Besonders schlimm war es in den ersten Jahren meiner freiberuflichen Tätigkeit als Liedermacher. Ständig hatte ich die Sensoren ausgefahren nach neuen Anregungen, Melodien und Textideen. Da konnte es durchaus mitten in der Nacht passieren, dass ich hochschreckte, eine Idee im Kopf hatte und den entsprechenden Text sofort niederschreiben musste. Ich hatte den Eindruck »Jetzt küsst mich die Muse und jetzt muss ich schreiben«. Ein kritischer Blick auf so manchen, auf diese Weise entstandenen Text am nächsten Tag relativierte mit der Zeit meine »Theorie vom spontanen Musenkuss«. Ich habe über die Jahre gelernt, gelassen mit neuen Ideen umzugehen. Heute habe ich einen Zettel- und Ideenordner, dort notiere ich neue Eindrücke und Textideen in kurzen Stichworten und hebe sie auf für die Zeiten, die ich nun bewusst einplane, um zu schreiben. Seitdem genieße ich es richtig, ab und zu einmal Zeit zu haben – unverplant – einfach so, das ist herrlich!

Auch hier gilt, wenn man freie Zeit haben möchte, muss man sie sich nehmen. Die »freie Zeit« ist ein sehr scheues Wesen, allzu schnell drängen sich Aufgaben in den Vordergrund, die noch dringend erledigt werden müssen. Grundsätzlich gibt es in Büro und Haushalt immer irgendetwas zu tun, sodass man/frau sich wirklich einen Ruck geben und sich gewissermaßen »loseisen« muss, um einmal wirklich freie Zeit zu haben. Im Urlaub gelingt mir oder uns das schon ganz gut. Ja, es ist geradezu ein Merkmal, dass die Erholung sich langsam einstellt, wenn man sie plötzlich hat – die freie Zeit. Denn auch hier kann man seine Zeit trefflich verplanen mit dem Besuch von Sehenswürdigkeiten, sportlichen Aktivitäten, einem Buch, das unbedingt im Urlaub gelesen werden muss (weil ich sonst ja sowieso nicht dazu komme), und der Teilnahme an den Animationsprogrammen eines Hotels (die nicht immer komplett dümmlich sein müssen).

Unsere Kinder schaffen es ganz gut, »freie Zeit« »einzuklagen«, das ist für mich ein Glücksfall. Wir gehen dann beispielsweise ins Schwimmbad oder ins Kino oder machen eine Fahrrad- oder Inlinertour, aber ich nehme mir Zeit und wir entscheiden mehr oder weniger spontan, was wir machen. Das

Schöne an einer so gefüllten freien Zeit ist, dass wir, die Kinder und ich, etwas gemeinsam unternehmen und wir Zeit miteinander verbringen. Die Zeit mit meinen Kindern ist so wertvolle Zeit, aber ich muss sie mir nehmen.

Manchmal klingelt es an der Tür und ein guter Bekannter oder ein Freund steht da und fragt: »Hast du Zeit auf eine Tasse Kaffee?« In der Regel habe ich keine Zeit oder anders gesagt, ich habe dann Zeit, wenn ich sie mir nehme, und meistens nehme ich sie mir. Das ist schön und spontan. Ich mag es, einfach so Zeit zu haben. Ich sage mir dann: »Nimm dich nicht so wichtig und lebe diesen Moment. Bekomme wieder ein Gefühl für diesen Menschen, der dich gerade besucht.« Und wenn dann der Schreibtisch doch einmal überquellen sollte und ich nicht mehr weiß, wo mir der Kopf steht, dann wird halt mal eine Nachtsession eingelegt und ordentlich etwas weggeschafft. Die Bibel spricht davon, »dass alles seine Zeit hat«, und gleich im Schöpfungsbericht lesen wir, dass der Schöpfer am siebten Tag ruhte und freie Zeit hatte.

Ab und zu ist sie plötzlich einfach da – die freie Zeit. Es gäbe zwar genug zu erledigen, aber ich habe einfach überhaupt keine Lust, an meinen Schreibtisch zu gehen oder im Haus irgendetwas aufzuräumen. Der Modeschöpfer Karl Lagerfeld hat einmal gesagt: »Langeweile ist Sünde!« Das würde ich für mich nicht sagen. Ich genieße diese ganz seltenen Momente, wo sich so etwas wie Langeweile einstellt, und zwar im positiven Sinn – die hektische Zeit wird entschleunigt und ich kann mir in aller Ruhe überlegen, wozu ich jetzt Lust habe. Ich habe nicht den Eindruck, dass ich irgendetwas verpasse, wenn ich jetzt einfach dasitze und nichts tue. Das können zutiefst glückliche Momente sein.

Langsam durch die schnelle Zeit

Langsam durch die schnelle Zeit
zieht der Geist der Ewigkeit,
schaut sich die Termine an,
fragt mich: Sag, wann lebst du, wann?

Wann hast du mal Zeit zu sehen,
was um dich herum geschieht,
Zeit, auch Dinge zu verstehen,
die das Auge übersieht?
Abgehakt und abgelegt
wie Terminkalender
schmeißt du deine Jahre fort,
ohne was zu ändern.

Wann hast du mal Zeit zu lauschen
in die Stille, wie sie klingt?

Hörst du noch die Wellen rauschen
in der Muschel, wenn sie singt?
Du kannst lernen zu verstehen,
wo ein Mund den Dienst versagt.
Mit dem Herzen hinzusehen
lernt, wer so zu hören wagt.

Langsam durch die schnelle Zeit
zieht der Geist der Ewigkeit,
schaut sich die Termine an,
fragt mich: Sag, wann lebst du, wann?

Wann hast du mal Zeit zu leben,
durchzuatmen, ein und aus?
Hast du dich schon aufgegeben?
Wie sehn deine Träume aus?
Stämm die Füße in den Sand,
spür den Boden, der dich hält,
Teil der großen starken Hand,
Teil des Schöpfers dieser Welt.

Ein Spaziergang

Manchmal, wenn ich freie Zeit habe, mache ich einen Spaziergang, meistens zusammen mit meiner Frau Rosi. Wir laufen einen Rundweg mitten im schönen Odenwald. Wir haben das Glück, dass direkt hinter unserem Haus ein Wanderweg beginnt, den man als Ausgangspunkt für eine tagelange Wanderung quer durch den Odenwald nehmen könnte. In der Mitte unseres etwa einstündigen Rundwegs kommt man auf eine liebliche Anhöhe mit mehreren Bänken und hat einen herrlichen Blick in unser Weschnitztal. Das ist einer meiner Lieblingsorte. Ich genieße es, dort zu sitzen und über das Leben zu sinnieren. Zwei- bis dreimal im Jahr schaffen wir es gemeinsam mit den Kindern und einer befreundeten Familie zu einem längeren gemeinsamen Spaziergang. Das ist beglückend, auch wenn man sich immer wieder dazu aufraffen muss. Allerdings geht es nur, wenn man ein Einkehrziel ansteuert, auf das man sich freuen kann und wo es dann eine deftige Brotzeit gibt. Bei diesen längeren Wanderungen »erleben« wir immer irgendetwas Unvorhergesehenes; es ist immer auch ein wenig spannend, und das macht den Reiz solcher Unternehmungen aus. Während wir gehen, sehen und hören, erleben wir bewusst, was uns auf dem Weg begegnet. Es können die überreifen und prall gefüllten Apfelbäume sein, dann ist es ein zugefrorener Teich, an dem man plötzlich viel länger als geplant verweilt, weil sich ein Spiel entfaltet – immer gibt es irgendwo eine kleine Überraschung, wenn man offen dafür ist.

Das Motiv des Weges hat in der Bibel eine herausragende Bedeutung. Es ist immer ein Weg, der gegangen wird, meist kein Spaziergang, aber ein Weg, auf dessen Strecke sich Dinge ereignen und auf dem die, die ihn gehen, neue Erfahrungen machen. Der Exodus, der Weg des Volkes Israel aus Ägypten durch das Sumpf- und Schilfmeer und durch die Wüste nach Ägypten, war die Zeit, in der sich das Urbekenntnis des Volkes Israel geformt hat. »Der Gott unserer Väter, der uns aus Ägypten geführt hat.« Dieser Weg war voller Überraschungen und Enttäuschungen, aber auch voller wundersamer Erfahrungen mit der Gegenwart des lebendigen Gottes. Und auch das Leben Jesu war geprägt durch den Weg von Galiläa nach Jerusalem und von den vielen Wegen, die er zu und mit den Menschen gegangen ist. Bis hin zu der Aussage Jesu, er sei selbst »der Weg«, und zwar »der Weg zu Gott«.

Spaziergänge und Strecken, die man miteinander geht, das wird in der Bibel an vielen Stellen deutlich, sind auch Wege der Verständigung. Wie oft habe ich es schon erlebt, dass man klärende Gespräche gut führen konnte, wenn man miteinander ein Stück gegangen ist. Das »Miteinandergehen« macht auch körperlich deutlich: Ich bin jetzt bereit, dir äußerlich und innerlich zu folgen und ausführlich deine Meinung zu hören. Ich werde bei dir bleiben, auch wenn ich anderer Meinung bin – ich werde dich aushalten und du musst mich aushalten – zumindest für die Länge des Weges, den wir nun miteinander gehen. Solch ein Spaziergang ist dann oft inhaltlich kein Spaziergang, sondern vielleicht ein Streitgespräch, aber er eröffnet mitunter neue Perspektiven. Das klassische Beispiel hierfür aus der Bibel sind jene zwei tieftraurigen Jünger, die nach der Kreuzigung Jesu sich auf den Weg nach Emmaus machen und einander ihre Ratlosigkeit und Trauer mitteilen. Sie sind so vertieft in ihr Eigenes, dass sie den hinzutretenden auferstandenen Jesus nicht erkennen und mit dem scheinbar Fremden weitergehen. Und während sie gehen, reden sie und verstehen mehr und mehr, warum alles so geschehen musste, wie es geschah.

Wie gut ist es, wenn wir, gerade auch dann, wenn wir traurig sind, Menschen haben, die ein Stück des Weges mit uns gehen.

Ein Buch lesen

In die fantasie- und kraftvolle Welt eines guten Buches einzutauchen empfinde ich als etwas zutiefst Beglückendes. Bücher, die so geschrieben sind, dass man sie nicht mehr aus der Hand legen, sondern sie am liebsten in einem Zug verschlingen möchte, nehmen einen mit auf die Reise, mit in eine Geschichte hinein und lassen einen selbst Teil des Geschehens werden. Das können zu unterschiedlichen Zeiten sehr unterschiedliche Bücher sein. Für mich war das beispielsweise als Jugendlicher das Buch »Die unendliche Geschichte« von Michael Ende. Ich war damals zu Besuch bei meiner Schwester, als mir dieses Buch in die Hände fiel. Ich habe es in einem Rutsch »verschlungen«. Nun ist das ein Buch, das von einem Buch handelt, das gelesen werden will und das der Leser »durch sein Lesen« fortschreibt und fantasievoll erweitert. Ich fand es als Jugendlicher ungeheuer faszinierend. Später war es die Trilogie »Der Herr der Ringe« von Tolkien. Wie habe ich mit Frodo und seinen Gefährten gebangt und versucht, mir die Welt der Hobbits und Elfen vorzustellen. Als diese Trilogie dann viele Jahr später verfilmt wurde, war ich positiv überrascht von der guten Umsetzung. Ziemlich genauso hatte ich es mir auch vorgestellt.

Ein anderes Buch, das ich gewissermaßen nicht aus der Hand legen konnte, waren »Die Säulen der Erde« von Ken Follet – ein dicker Wälzer, aber ungeheuer spannend, abwechslungsreich und informativ geschrieben. Das waren Bücher, die mich alles andere vergessen ließen, Geschichten, bei denen ich gar nicht abwarten konnte, sie endlich weiterzulesen, und bei denen ich mich mehr und mehr mit einigen der handelnden Personen identifizierte.

Vor allem bei unseren vielen, langen Autofahrten haben wir sie schätzen gelernt: die Hörbücher. Von meinen Eltern weiß ich, dass uns Kindern bei langen Autofahrten schnell langweilig wurde und die quengeligen Rückfragen von der Rückbank: »Sind wir bald da? Ist es noch weit? Wie lange fahren wir schon?« meinen Eltern ziemlich auf die Nerven gingen. Dank der vielen, wunderbaren Hörbücher sind diese Zeiten endgültig vorbei. Hörbücher von »Harry Potter« oder »Tintenherz« oder »Der Herr der Diebe« nahmen uns und unsere Kinder mitunter so gefangen, dass wir richtig Lust bekamen, beispielsweise nach Venedig zu fahren, um das, was wir auf der Reise gehört hatten, nun auch vor Ort zu erkunden.

Kreativ sein

Wenn man die eigene Lustlosigkeit und seine Ablenkungsmanöver einmal überwunden sowie sich zeitlich und räumlich so freigekämpft hat, dass es tatsächlich »losgehen« kann, dann ist kreativ zu sein und kreativ zu arbeiten etwas Wunderschönes. In meinem Fall erstreckt sich dieses Schöpferische auf die Bereiche »Texten und Komponieren«. Dafür muss ich mir Zeit nehmen, das geht nicht mal eben zwischen »Tür und Angel«. Ich muss wissen, dass mich in den nächsten Stunden keiner stören wird. Das Telefon ist umgeleitet, ich lese keine E-Mails und mein Hunger und Durst sind gestillt. Wenn dann noch mein Schreibtisch aufgeräumt ist, dann kann es losgehen, und das ist wirklich schön. Vor mir liegt ein weißes Blatt Papier oder das leere Word-Dokument auf dem Bildschirm: Links von mir auf einer Ablage ist mein Zettelkasten und rechts von mir an den Schreibtisch gelehnt: die Gitarre. Ich habe ein Thema ausgewählt und bewege es in meinen Gedanken, ich schreibe die ersten Worte, formuliere den ersten Satz. Und schon merke ich, wenn es gut läuft, wie es »sprudelt«, wie es auf einmal losgeht, und ich beginne eine gedankliche Spur nach der anderen zu entfalten. Schnell ist das Versmaß festgelegt und irgendeine »Arbeitsmelodie« summt in meinem Kopf, parallel suche ich nach Reimen und gelungenen Formulierungen. Alles geht Hand in Hand. Das ist fast wie ein Rausch, und irgendwann steht oder liegt dann ein erster Rohentwurf des neuen Textes vor mir, und ich merke: Das passt. Dann der Griff zur Gitarre. Obwohl ich bei meinen Konzerten mit einer Nylonsaiten-Gitarre spiele, komponiere ich am liebsten auf der anderen, der mit den Stahlsaiten.

Ein guter Text trägt die richtige Melodie in sich, und die muss nun gefunden werden. Das ist durchaus ein Prozess, der über Tage gehen kann, und manchmal entdecke ich die Melodie, die einem Text innewohnt, auch gar nicht. Dann wandert der Text weiter zu einem meiner Komponistenfreunde, meistens zu David Plüss, dem dann sehr oft wunderschöne Melodien einfallen. Habe ich jedoch die passende Musik zu einem Text gefunden und mich darauf richtig schön »eingegrooved«, dann ist das ein zutiefst beglückender Moment. Ich hole mein Harddisk-Aufnahmegerät aus dem Schrank, schließe es an und nehme diese allererste Version eines neuen Liedes auf. Dann lasse ich das Ganze liegen und gehe an den nächsten Text. Am darauffolgenden Tag werden die »Erzeugnisse« des Vortages mit Spannung hervorgeholt, sie werden kritisch begutachtet, überarbeitet, Textzeilen werden umgestellt, vielleicht wird ein Refrain entwickelt und mit eingebaut. Und nach und nach entsteht ein neuer Song.

Bei Konzepten, wie »Perlen des Glaubens« oder »Bilder der Weihnacht«, oder bei Buchprojekten wie diesem oder einer Predigt macht es mir Spaß, am Ball zu bleiben und etwas gänzlich Neues zu entwickeln. Zu erleben, wie andere Menschen Lieder und Texte arrangieren, sie in Tonstudios produzieren sowie Cover und Booklet gestalten, bis schließlich das fertige Album entstanden ist, ist immer wieder ein beglückender Prozess.

Wenn ich dann die neue CD zum ersten Mal in Händen halte, muss das gefeiert werden. Wir tun das in der Regel mit einer guten Flasche Sekt oder einem guten Glas Rotwein und ganz sicher mit einem dankbaren Herzen: »Danke, guter Schöpfer, für all die Gaben, die wir von dir empfangen haben! Amen.«

Etwas lernen

Es ist beglückend, von klugen Menschen etwas zu lernen. Als reisender Künstler habe ich das Glück, immer wieder solchen Menschen zu begegnen, Menschen, die sich in einem Bereich auskennen, von dem ich keine Ahnung habe, der mich aber total fasziniert. So ging es mir beispielsweise, als ich vor einigen Jahren den Astrophysiker Prof. Dr. Andreas Burkert kennenlernen durfte. Selten habe ich einen Wissenschaftler mit so viel Begeisterung für die Sonnensysteme, schwarze Materie, den Kosmos und die Entstehung von Raum und Zeit erlebt wie diesen sympathischen Mann aus München. In einem feuerwerkartigen Vortrag nahm er uns mit hinein in seine überaus faszinierende Welt der Sterne, und man wurde richtig angesteckt von seinem eigenen Staunen über dieses wundervolle Gebiet der Wissenschaft. Da ich weiß, dass man am meisten lernt, wenn man mitmacht und zusammenarbeitet, bin ich sofort nach seinem Vortrag auf ihn zugegangen und habe ihn gefragt, ob er nicht Lust hätte, mit mir gemeinsam ein Projekt zum Thema »Urknall und Sternenstaub« zu entwickeln. Aus dieser Idee ist dann schließlich ein ZDF-Fernsehgottesdienst, ein Fortbildungsseminar und eine große Abendveranstaltung auf dem Deutschen Evangelischen Kirchentag in Köln entstanden. Im Laufe dieser Zusammenarbeit ist eine Freundschaft mit vielen beglückenden Momenten erwachsen und ich habe sehr viel über »meine geliebten Sterne« gelernt. Wundervolle Sätze wie »Tausend Sterne mussten sterben, damit du Mensch werden konntest« war ein Gedanke, den die Popformation »Ich & Ich« später in einem Lied aufgriff: »Wir alle sind aus Sternenstaub, in unsern Augen war mal Glanz …«

Ich lerne gerne etwas im Urlaub. Wir fahren mit Vorliebe ans Meer, und ich genieße es, hinaus in die Weite zu schauen und mich treiben zu lassen. Aber irgendetwas möchte ich doch nebenbei tun, nicht aus Zwang, sondern ich habe dann die Muße, etwas zu lernen. Sei es, dass ich mir vornehme ein Buch durchzuarbeiten, zu dem ich sonst nicht die Zeit habe, sei es, dass ich mich intensiver mit der Sprache des jeweiligen Landes befasse oder der Kultur.

Bei einem unserer letzten Urlaube auf der wunderschönen Insel Kreta hatte ich das Buch »Jesus von Nazareth« von Joseph Ratzinger/Benedikt XVI. mit im Gepäck. Dieses Buch mit seinen rund 400 Seiten habe ich dann nebenbei richtig durchgearbeitet. Mit gespitztem Bleistift habe ich wichtige Dinge unterstrichen und mir Notizen gemacht – wie im Studium. So muss man dieses Buch auch angehen, denn es ist ein sehr gutes Buch, und ich habe es wie ein Repetitorium meines Theologiestudiums empfunden und genossen. Ich treffe unterwegs immer wieder Menschen, die behaupten, sie hätten dieses Buch gelesen. Meistens stimmt das nicht (die meisten haben drübergeschaut, vielleicht das Vorwort und einige kurze Passagen gelesen), denn man kann es nicht einfach »so nebenbei« lesen, und man braucht eine gewisse theologische Vorbildung, um die meisten Passagen zu verstehen. Ich bin froh, dass ich mir die Zeit genommen habe, es war keine vertane Zeit. Im Gegenteil, es ist zutiefst beglückend, seinen Urlaub mit guten Gedanken zu »füttern« und diese gewissermaßen mitschwingen zu lassen. Parallel dazu wurde in unserem Hotel noch ein Sprachkurs für Neugriechisch angeboten. Da ich als Pfarrer und Theologe Altgriechisch immer wieder im Rahmen meiner Predigtvorbereitungen brauche, hat mich das sehr gereizt. Die Tatsache, dass der Sprachkurs von einer jungen und gutaussehenden Kreterin gegeben wurde, tat dabei meiner Begeisterung keinen Abbruch. Allerdings gehöre ich dann auch zu jenen Menschen, die ihre Umwelt mit dem neu Erlernten sofort konfrontieren und beispielsweise die Bedienung eines Lokals zum Nutzen der praktischen Sprachanwendung »missbrauchen«. So mancher Kellner wartete denn auch geduldig und mit hochgezogenen Augenbrauen, bis ich meine Bestellung endlich auf Griechisch »radegebrochen« hatte, um dann das Ganze für mich auf Deutsch noch einmal zu wiederholen, damit er auch tatsächlich das Richtige brachte. Nichtsdestotrotz bekommt man auch bei solchen banalen Übungen ein besseres Gefühl für die Sprache und das Land, in dem man sich gerade befindet, und das ist schön.

Feierabend

Bei unseren Konzertreisen ist der Feierabend tatsächlich ein meist später Abend, an dem wir feiern. Wenn man den ganzen Tag mit dem Auto unterwegs war, sich mit fremden Menschen getroffen und unterhalten hat, die Technik mitaufgebaut und den CD-Tisch mitbetreut hat, wenn man viele, viele CDs signieren durfte und man zum fünften Mal an diesem Abend beteuert hat, dass die eigene Familie hinter einem steht, wenn man so oft »auf Tour« ist wie ich, dann freut man sich auf den Moment, an dem niemand mehr etwas von einem will und man in einem engen Kreis von Vertrauten und gemeinsam mit den Menschen, die viel Herzblut in die Durchführung dieses Konzertes investiert haben, sich entspannen und im Zweifelsfall auch mal einfach Blödsinn reden kann. So ist die Frage: »Was machen wir hinterher?« eine durchaus wichtige Frage, denn sie ist für uns reisende Musiker mit dem berechtigten Anliegen, Feierabend zu haben, verbunden.

Feierabend ist der Sabbat des Tages: Zehn Stunden hast du gearbeitet und warst präsent, zwei bis drei Stunden darfst du nun abschalten und den Tag ausklingen lassen, bevor du dich zur Ruhe legst. Und das brauchen wir auch. Was wäre das Leben ohne die Möglichkeit, einen Tag ausschwingen und -klingen zu lassen und sich dabei auch ein wenig zu belohnen. Wie schon beim Thema »Gut essen« beschrieben, suchen wir uns in der Regel dazu ein gemütliches Lokal mit einer guten Küche. Im Idealfall hat das Hotel, in dem wir untergebracht sind, ein gutes Restaurant. Dann kann nämlich jeder für sich entscheiden, wie lange der Feierabend ausklingen soll, und sich gegebenenfalls verabschieden. Es sind diese gemütlich-genüsslichen Zusammenkünfte, bei denen wir Erlebtes humorvoll Revue passieren lassen, bei denen auch die Idee zu unserem Anekdotenbuch »Schampoo, Sekt und Seelenheil« entstanden ist. Denn, so sagten wir mal in solch einer Runde, »irgendwann müssen wir das alles einmal aufschreiben«.

Ein gutes Speiselokal, in das ich regelmäßig mit meiner Frau gehe, hat auf dem Speiseplan ein sogenanntes »Feierabendmenü«, ein schmackhaftes und fantasievoll angerichtetes Drei-Gänge-Menü. Wir haben dieses Angebot eine Zeit lang regelmäßig angenommen, um wenigstens einmal in der Woche »Feierabend ohne die Kinder« zu haben – einfach zwei, drei Stunden Zeit für uns und zum Reden. Dieser regelmäßige, besondere Feierabend hat uns gut getan – ich bekomme wieder ein Gespür für den anderen und wir hören einander zu. Missverständnisse können geklärt und schwelende Konflikte schon im Keim erstickt werden – es tut wirklich gut (einem selbst, aber auch einer Beziehung), wenn wir »feierabendlich leben«.

Viele der Beispiele, die ich bereits genannt habe, können dazu beitragen, dass ich (oder dass wir) einen schönen Feierabend erleben und uns richtig entspannen können. Das kann geschehen, indem ich ein Buch lese, in die Sauna gehe, mir einen guten Film anschaue, ein Feuer mache, ins Theater gehe etc. »Feierabend« heißt: Computer aus, Telefon aus – jetzt wird nur noch etwas Schönes, für uns ganz privat gemacht.

Leise klopft der Regen

Leise klopft der Regen
an die Fensterscheiben,
lädt mich ein, im Haus zu bleiben.
So werd ich deswegen
diesen Tag genießen,
Tür und Fenster gut verschließen.
Hab heut' Zeit, Ewigkeit
lässt sich sacht erahnen,
kann und will nichts planen.

Manche Leute schimpfen,
werden bei dem Wetter
nicht gerade froh und netter.
Statt die Nas' zu rümpfen
will ich heute leben
mit der Zeit, die mir gegeben.
Wer verstimmt,
sich nicht nimmt
Zeit und andre Gaben,
wird nie welche haben.

Hör die Stürme brausen,
sieh die Blätter fliegen,
Bäume, die im Wind sich biegen.
Ach, es wehen draußen
oftmals kalte Winde,
da gilt es den Ort zu finden,

wo ich still,
wie ich will,
leben kann und träumen
und den Sturm versäumen.

Leise klopft der Regen
an die Fensterscheiben,
lädt mich ein, im Haus zu bleiben.
So werd ich deswegen
diesen Tag genießen,
Tür und Fenster gut verschließen.
Wer verstimmt,
sich nicht nimmt
Zeit und andre Gaben,
wird nie welche haben.

Lachen

»Wer lacht, legt seine Waffen ab.« Dieses schöne Zitat von Sigmund Freud beleuchtet nur einen ganz wichtigen Aspekt des Lachens. Herzhaft zu lachen ist erfrischend und sicher auch sehr gesund. Auf manche Menschen mache ich einen sehr ernsten und verschlossenen Eindruck, und das will ich auch gar nicht beschönigen: Ich gehöre sicher nicht zu den Menschen, die mit einem strahlenden Gesicht und einem lachenden Herzen in den Tag starten. Auf mich trifft zweifellos das Zitat zu: »Wer morgens mit einem zerknitterten Gesicht aufwacht, hat den Tag über genug Entfaltungsmöglichkeiten!« Ich bin oft mürrisch und müde und brauche meine Zeit, um »auf Touren« zu kommen, aber ich lache sehr gerne, und deshalb spielt auch der Humor in meinen Konzerten eine wichtige Rolle. Dabei ist es oftmals wichtig, dass man als derjenige, der andere erheitert, selbst ernst bleibt und gewissermaßen mit einem guten Schuss trockenem Humor die Darbietung würzt.

In unserer Familie, im Freundeskreis, aber auch auf unseren Fahrten: Wir lachen gerne und es ist wunderschön, wenn wir alle gemeinsam lachen, dass es uns schüttelt und wir uns schon den Bauch halten. Aus dieser Laune heraus ist das Anekdotenbuch »Schampoo, Sekt und Seelenheil« entstanden, das ich vor einigen Jahren gemeinsam mit David Plüss geschrieben habe. Leider ist dieses Werk vergriffen, aber ich will eine (aktualisierte) Passage daraus zitieren, die ein bisschen beleuchtet, wie ein humorvoller Blickwinkel unseren Alltag »seliger« machen kann.

Raubritter am Straßenrand

Früher, vor 20 Jahren, waren die Raststätten an bundesdeutschen Autobahnen eine absolute Katastrophe. Die Gebäude waren alt, düster und siffig, die Bedienungen unfreundlich und kaum motiviert, das Essen war miserabel, kurzum, die normale »Raststätte« hatte den Ruf einer tristen Trinkhalle, mehr nicht.

Das hat sich nun wirklich grundlegend geändert. Heute sind die meisten Raststätten an unseren Autobahnen regelrechte Erholungsparks und Wohlfühllandschaften. Es macht Spaß anzuhalten, man hat Lust zu verweilen, einen Kaffee zu trinken und eine Kleinigkeit zu essen. Auch für die lieben Kleinen gibt es in den meisten »Erholungszonen« eine kleine Spielecke. Die Toiletten und Waschräume sind gepflegt und spiegelblank. Alles wäre bestens, gäbe es da nicht die neue Spezies der »Raubritter« an unseren Autobahnen, denn steigt man hinab in die Katakomben der »urinösen Entlastung«, mit bereits überquellenden Augen und letzter Kraft, so hat man schon verloren. Es sei denn, man hält mindestens 50 Cent parat. Nicht, dass man gezwungen wäre, für die Erledigung allereinfachster Grundbedürfnisse auch noch etwas zu bezahlen. Gezwungen, nein, gezwungen wird hier niemand, höchstens fixiert, verpflichtet und hypnotisiert. Unübersehbar blinkt Ihnen, bereits beim Abstieg deutlich sichtbar, ein blitzblanker, strahlend weißer Porzellanteller entgegen, auf dem (zur Anregung der pekuniären Fantasie) ein 50 Centstück, mehrere 1 Euromünzen und sogar einmal 2 Euro (als ob jemand tatsächlich 2 Euro geben würde) liegen. Dahinter oder daneben lauert, in blitzend weißem Kittel, ein meist fremdländisch aussehender Zeitgenosse, der Sie freundlich begrüßt und der zu allem Überfluss auch noch auf die Tür deutet, in die Sie hineingehen müssen (das haben die bestimmt in irgendeinem Raubritter-Marketingkurs gelernt). Und schon sitzen Sie in der Falle: Sie haben durch diesen kleinen Hinweis eine Dienstleistung empfangen, für die Sie natürlich nicht bezahlen *müssen*, aber wehe, wenn Sie es nicht tun. Nun freut man sich ja durchaus über saubere Toiletten und frische Handtücher und ist auch gerne bereit, dafür etwas zu geben. Nur manchmal hat man halt einfach kein Geld dabei, und dann wird das Ganze zu einem regelrechten Spießrutenlauf. Der ganze Stuhlgang oder Wasserlass ist gedämpft und begleitet von einem schwer lastenden, schlechten Gewissen und der quälenden Frage: »Wie komme ich vorbei an diesem ›Zöllner der Notdurft‹, ohne gleich mit Blicken und leisen Verwünschungen ›massakriert‹ zu werden?« Die »Notdurft« wird zu einer echten »Notlage«, aus der Sie keiner erlösen wird, es sei denn, Sie erwischen einen Moment, wo der »Kloaken-Zerberus« gerade mal selber muss, dann heißt es, »Fersengeld« geben, und bitte: ja nicht ausrutschen – *Caution, wet floor!*

Mittlerweile haben viele Raststätten dieses System professionalisiert: Sie steigen hinab in die »Katakomben der unrinösen Entlastung«, auch »Keramikabteilung« genannt, und werden jäh von einer silbernen Schranke gestoppt. Schon jetzt brauchen sie mindestens 50 Cent, sonst kommen Sie nicht weiter. Es gibt zwar so eine Art »Kleinkind Durchschlupf«, aber bei einem Erwachsenen sieht das doch sehr merkwürdig aus (ich weiß, wovon ich rede), außerdem ist solch eine Aktion durchaus »Hexenschuss-verdächtig«. Sie werfen also 50 Cent ein, das Drehkreuz öffnet sich, Sie ziehen einen Wertbon und betreten die wundersame Welt von »Sanifair«. »Willkommen bei Sanifair …« untermalt und umspült von weicher New-Age-Pseudomeditationsmusik und Synthigeblubbere, begrüßt Sie eine angenehme Frauenstimme: »… wir tun alles, damit Sie sich wohlfühlen (lassen Sie fahren, was Sie quält und entspannen Sie sich). Am Eingang haben Sie einen Wertbon gezogen, den können Sie in unserem Restaurant und bei allen Sanifairpartnern einlösen. Wir wünschen Ihnen eine gute Fahrt! Welcome to Sanifair …«

Einen guten Film sehen

Sich an einem langweiligen, verregneten Sonntagnachmittag einem richtig guten Film »hinzugeben« ist etwas Wunderbares. Leider gibt es solche Nachmittage so gut wie gar nicht mehr. Was heißt hier »leider« – wir genießen es, ab und an mit unseren Kindern ins Kino zu gehen und die wundervollen Filme wie »Ice Age 1 & 2«, »Sieben Zwerge« oder »Der König von Narnia« gemeinsam zu erleben und für zwei Stunden einfach einzutauchen in diese andere und spannende Welt. Wie das Kino dann im Alltag weitergehen kann, habe ich in dem folgenden Lied beschrieben.

Menschenkino

Sitze hier im Cafe Heiner,
meditier den Menschenfluss,
der an mir vorbeizieht.
Es ist einfach ein Genuss,
andern Menschen zuzusehen,
wie sie hetzen, schlendern, stehn.
Lasse einen Film entstehen
von so manchem, den ich seh.

Menschenkino – spielt im Trubel.
Menschenkino – ich und du.

Menschenkino – dort am Rande:
Menschen schauen Menschen zu.

Auf der Party in der Ecke
ist doch stets ein guter Ort,
andre in den Blick zu nehmen,
es entsteht von dort sofort,
eines jener Ratespiele,
das nun fragt: »Was der wohl macht?«
Oft verbunden mit dem Ziele,
dass man laut und herzhaft lacht.

Ich mag gern am Strand mich räkeln
und in Meeresweiten sehn
und an jenen herummäkeln,
die an uns vorübergehn.
Tangaslips und Sonnenbrände,
Dicke, Dünne, alt und jung.
Dieser Film scheint nie zu enden,
denk ich voll Begeisterung.

Plötzlich meine ich, dass andre
in Gedanken zu mir schaun
und vor ihrem innren Auge
mich in ihren Film einbau'n.
Vielleicht seh ich es auch nicht richtig,
vielleicht schaun sie sich auch nur um,
vielleicht nehme ich mich zu wichtig
und sehne mich nach Publikum.

Weinen

Direkt nach dem Film muss der Abschnitt mit dem Weinen kommen, denn ich bin eine alte Heulsuse. Mich kann man unheimlich leicht »rühren«, sodass ich schniefend im Sessel sitze und mir verschämt die Tränen wegwische. Vielleicht überrascht es Sie, dass ich das Weinen erwähne, aber richtig zu weinen tut gut, denn die inneren Verkrampfungen und Anspannungen lösen sich. Ich gebe meinen Gefühlen, meiner Trauer, oft aber auch meiner Freude Raum, sich zu entfalten.

In dem Abschnitt »Selig sind, die Trauer tragen« habe ich schon einiges dazu gesagt. Als Christen leben wir allerdings auch von der Hoffnung, dass es einen Tag geben wird, an dem Gott vor allem alle Trauertränen abwischen wird und wir nur noch weinen vor Glück.

Jenseits der Zeit

Jenseits der Zeit
gibt es kein Leid,
keine Tränen an dem Ort,
den wir Himmel nennen.

Sehen wir uns dort,
wirst du mich auch erkennen,

dort an jenem Ort,
den wir hier Himmel nennen.
Ich brauche Kraft,
hier durchzustehn,
doch ich weiß,
dass wir uns einmal wiedersehen.

Jenseits der Zeit
gibt es kein Leid,
keine Tränen an dem Ort,
den wir Himmel nennen.

Hältst du meine Hand,
wenn wir uns wiedersehen.
Ich bin ausgebrannt,
hilf mir, weiterzugehen,
sonst find ich nicht
durch Nacht und Licht
meinen Weg zu dir,
um dich wiederzusehen.

Zeit, du machst mich krank,
zwingst mich in die Knie.
Zeit, du brichst mein Herz,
bitte nimm den Schmerz,
aber wie?

Sehen wir uns dort
wirst du mich auch erkennen,
dort an jenem Ort,

den wir hier Himmel nennen.
Ich brauche Kraft,
hier durchzustehn,
doch ich weiß,
dass wir uns einmal wiedersehn.

Zeit mit den Kindern

»Hätte ich mir doch nur mehr Zeit für meine Kinder genommen ...« Diesen Satz höre ich oft von älteren Menschen, und ich kann ihn gut verstehen, diesen Satz. »Auf einmal waren sie groß, und die Kindheit war vorbei ...« Meine Frau und ich genießen es, »spätgebärende Eltern« zu sein. Als wir mit Mitte 30 unseren lang ersehnten Robin und drei Jahre später die ebenso ersehnte Enya in den Armen halten durften, gab es nicht mehr viele »offene Baustellen« in unserem Leben. Beruflich und häuslich bewegten wir uns zumindest so weit in geordneten Bahnen, dass wir uns privat voll und ganz auf unsere Kinder konzentrieren konnten, und das war und ist wunderschön und, bei allen Reibungen, die wir natürlich auch miteinander haben, einfach zutiefst beglückend. Anhand einer kleinen Geschichte, die sich exakt so abgespielt hat und die ich auch schon an anderer Stelle erzählt habe, möchte ich verdeutlichen, wie Kinder einem immer wieder auf neue und beglückende Spuren führen können.

Meine Frau Rosi, unser 2-jähriger Sohn Robin und ich waren zu Gast bei Elisabeth, Hermann und deren Kindern, einer befreundeten Pfarrersfamilie. Wir hatten gut gegessen und getrunken und saßen plaudernd im Wohnzimmer. David, der sechs Jahre alte Sohn unserer Freunde, und unser kleiner Robin hatten sich ins Spielzimmer verkrümelt, aus dem sie ab und zu einmal auftauchten, in das sie aber auch gleich wieder verschwanden. Das ging so etwa eine Dreiviertelstunde. Irgendwann hatte der 6-jährige David den Hut seines Vaters auf dem Kopf und rief in die Runde: »Ich feiere jetzt einen Gottesdienst mit euch – jetzt muss aber jeder erstmal ein Gedicht aufsagen.« Alle schauten erstaunt, machten aber mit. Elisabeth fing an: »Lieber Gott, mach mich fromm, dass ich in den Himmel komm.« Dann schloss sich Rosi an: »Abend ward, bald kommt die Nacht, schlafen geht die Welt.« Ich kramte einen Achtzeiler von Heinz Erhardt aus meiner Erinnerung: »Der Opa ist ein frommer Mann, drum liest er in der Bibel. Die Oma schneidet nebenan fürs Abendbrot die Zwiebel. Der Opa ist ein frommer Mann, er weint um seine Sünden. Auch Omama weint nebenan, jedoch aus andern

Gründen.« Als Letzter kam Hermann mit: »Alle meine Entchen schwimmen auf dem See, Köpfchen in das Wasser, Sünden in die Höh.« Der kleine Liturg David fuhr fort: »Jetzt lassen wir die Pfeffermühle herumgehen, und jeder macht sich ein wenig Pfeffer auf die Hand, gibt die Mühle weiter und isst seinen Pfeffer …« Schweigend und schmunzelnd taten wir, wie uns geheißen, und stellten dabei fest, dass Pfeffer pur gar nicht so schlecht schmeckt. David hatte noch weitere Ideen: »Und jetzt singen wir ein Lied …« Und während wir die Popversion von »Alle guten Gaben, alles was wir haben, kommt, o Gott, von dir. Alle guten Gaben, alles was wir haben, Herr, wir danken dir« anstimmten hatte David seine »Schatztruhe« herausgeholt und seiner Mutter ein Holzstückchen in die Hand gegeben: »Jeder soll jetzt mal riechen!« Wir gaben das Holzstückchen »durch die Reihe« und jeder roch kräftig an dem Holz. »Hmm, wie gut das riecht.« Dann nahm David das Holzstück wieder an sich und reichte jedem von uns zwei kleine Kieselsteine mit den sehr weisen Worten: »Seht und fühlt, was der Stein euch erzählt!« Spätestens jetzt mussten wir laut losprusten vor Verzückung und Heiterkeit, die dieser Moment ausstrahlte. Hatte dieser kleine Mensch doch völlig eigenständig eine neue liturgisch klingende Formulierung gebracht: »Seht und fühlt, was der Stein euch erzählt«, großartig, für solche Formulierungen brauchen die Gremien des Deutschen Evangelischen Kirchentages mindestens zwei Jahre. Nachdem wir so gesehen, gerochen, geschmeckt und gefühlt und gehört hatten (intuitiv hatte dieser kleine Mensch alle fünf Sinne erfasst), rief David: »So, jetzt ist der Gottesdienst aus.« »Und wer segnet uns?«, fragte Elisabeth erstaunt. Das war der Moment, auf den unser kleiner Robin (knapp zweieinhalb Jahre alt!) gewartet hatte. Er hatte unser »gottesdienstliches Treiben« voller Erstaunen und Faszination verfolgt, und als nun Elisabeth nach dem Segen fragte, sprang er auf, holte flugs aus einer Ecke des Wohnzimmers seine kleine Plastikmotorsäge, hielt sie hoch und rief: »Ich säge euch!«

Menschen, die gut tun

Es gibt Menschen

Es gibt Menschen, die wie
Felsen in der Brandung stehn
und die nicht so schnell im
Sturm der Zeiten untergehn,
die dann da sind, wenn das
Wasser dir zum Halse steht

und ein scharfer, kalter Wind
dir entgegenweht.

Es gibt Menschen, die dich
nehmen, wie du nun mal bist,
die dich nicht nur dann ertragen,
wenn schönes Wetter ist,
die sofort erkennen, wenn
bei dir gerade Regen fällt,
und das Leben dir mal wieder
böse Fallen stellt.

Es gibt Menschen, die ver-
sprühen so viel Energie,
ich bin immer ganz geplättet,
wenn ich sowas seh,
ihre Augen, wie sie strahlen,
und sie machen andern Mut,
es gibt Menschen, die tun andern
Menschen schlicht und einfach gut.

Es gibt Menschen, ja die
haben dich in ihrem Blick,
und sie denken, leben
auch für dich ein kleines Stück,
denn sie sehen und sie fühlen,
wenn du Hilfe brauchst,
du spürst ihre starke Hand,
bevor du ganz abtauchst.

Große Feste feiern

Alle paar Jahre feiern wir ein großes Fest. Es begann mit unserer Hochzeit: Rosi war 22 und ich war 24 Jahre alt, und wir haben ein großes, rauschendes Fest gefeiert und all unsere Freunde eingeladen. Neun Jahre später zu meinem 33sten, dann sieben Jahre später und schließlich am 08.08.08 zu meinem 49. Geburtstag haben wir jeweils eine Riesenparty, mit weit über 100 Gästen veranstaltet, um all jene Menschen um uns zu versammeln, die uns über die Jahre begleitet haben und uns guttun: »Danke, dass Ihr da seid! Und jetzt wollen wir für einen Moment die Zeit anhalten, uns in die Augen sehen, die Gläser erheben und diesen kostbaren Moment gemeinsam erleben. Und: Danke, lieber Gott, für diese Freunde und für das Leben!«

Jedes Jahr am Jahresende laden wir alle, die in dem vergangenen Jahr mitgearbeitet und mitgeholfen haben, zu einem großen Jahresabschlussfest ein. Es macht mich zutiefst glücklich, mich am Jahresende bei all jenen noch einmal herzlich zu bedanken, die mir in meiner Arbeit hilfreich zur Seite gestanden haben. Es gehört zum Ritual dieses kleinen Festes, dass ich mir dabei eine gute Zigarre anzünde und genussvoll und dankbar das Jahr vorbeiziehen lasse.

Ausblick

Anhand von 30 Alltagsbeispielen habe ich versucht anzudeuten, wie viele Seligkeiten in unserem Alltag versteckt sind, wenn wir sie nur auch als solche »entdecken«. Die Liste ist unvollkommen. Und natürlich hat jeder Mensch seine eigenen Glückseligkeiten. Entscheidend ist, dass wir unser Glück entdecken und uns wirklich weglocken lassen in eine neue und andere Sichtweise. Dabei kann uns z. B. auch das Fasten helfen. Es klingt vielleicht paradox, aber die Bereitschaft zum Verzicht ist ein wichtiger Schlüssel zum Glück. Dieser Gedanke zieht sich im Verborgenen wie ein roter Faden durch dieses Buch: Viele Glückseligkeiten brauchen Zeit und sind mit Anstrengungen verbunden. Der Sanftmütige verzichtet auf Gewalt und gewinnt Land, der Genießer entdeckt die Fastenzeit und kann dann wieder neu genießen, der Ehepartner verzichtet darauf, immer Recht zu haben und die Ehe erfährt Bereicherung. Wenn ich einmal Abstand gewinne von den eingefahrenen Gleisen, die mein Leben bestimmen, dann werde ich es neu entdecken: Ich Hab Seligkeiten!

Im Verlag Kreuz
ist außerdem
die CD zum Buch
erschienen:

Clemens Bittlinger
HabSeligkeiten

ISBN 978-3-7831-3155-0

Bibliografische Information der Deutschen Bibliothek
Die Deutsche Bibliothek verzeichnet diese Publikation
in der Deutschen Nationalbibliografie; detaillierte
bibliografische Daten sind im Internet über
http://dnb.ddb.de abrufbar.

Postfach 80 06 69, 70506 Stuttgart

www.kreuzverlag.de

Umschlaggestaltung: Bergmoser + Höller
Agentur, Aachen
Umschlagbild: © plainpicture/Deepol/Jana Kay
Satz: de·te·pe, Aalen
Druck: CPI – Clausen & Bosse, Leck

ISBN 978-3-7831-3232-8